Né en 1944, Olivier de Kersauson est un navigateur, chroniqueur et écrivain, connu pour avoir battu le record du monde en solitaire en 1989. Il est notamment l'auteur de *Ocean's Songs*, où il revient sur ses courses et ses records, et de *Le monde comme il me parle* (disponible en Points), où il dévoile son parcours intérieur.

DU MÊME AUTEUR

Mémoires salées
Robert Laffont, 1985

Les Côtes bretonnes vues du ciel
(photographies de Jean-Paul Paireault)
Glénat, 1990

Homme libre, toujours tu chériras la mer
(avec Jean Noli)
Fixot, 1994

T'as pas honte
(illustrations de Wolinski)
Le Cherche Midi, 1995

Macho mais accro
(illustrations de Wolinski)
Le Cherche Midi, 1996

Tous les océans du monde
Le Cherche Midi, 1997

La Bretagne vue de la mer
(illustrations de Michel Bellion)
Le Cherche Midi, 2006
et « J'ai lu », 2010

Ocean's songs
Le Cherche Midi, 2008
et « J'ai lu », 2010

Instants de Bretagne
(photographies de Philip Plisson)
La Martinière, 2010

La Mer à travers la carte postale ancienne
HC, 2012

Le monde comme il me parle
Le Cherche Midi, 2013
et « Points », 2014

Olivier de Kersauson

PROMENADES EN BORD DE MER ET ÉTONNEMENTS HEUREUX

Cherche Midi

TEXTE INTÉGRAL

ISBN 978-2-7578-6955-0
(ISBN 978-2-7491-4085-8, 1re publication)

Quand je regarde la mer,
je me promène dans le temps du monde.

Il y a quelques semaines, en Polynésie, je passe dans le port de Papeete, dans le vieux port de pêche. Là, dans le fond, à l'endroit où les bateaux sont condamnés à mourir, j'avise un mât. Je m'approche, il était caché par la coque d'un long-liner. Je reconnais *Biotherm*, l'ancien trimaran de Florence Arthaud. Cette image était insolite, tout à fait insolite. Je pensais que le trimaran avait quitté le territoire, qu'il n'était plus au mouillage où je l'avais vu il y a un an. Et le voilà dans le fond du port de pêche, vraisemblablement condamné à être dépecé. Il faisait beau, le ciel était bleu, il flottait dans l'air un je-ne-sais-quoi de serein… Il n'y avait même pas la tristesse des bateaux qui vont mourir… Je regardais *Biotherm*, je me souviens qu'il fut assemblé dans l'arsenal de Brest, je me rappelais son montage… Tout m'est revenu de façon dense. Mais je n'étais pas triste. La disparition de Florence fut si brutale que je trouvais normal que tout ce qui lui était lié disparaisse aussi. Dans le fond, tout ce qui lui était lié n'a pas à lui survivre. Le personnage était tellement vivant, sensible, fort. Dans mes amitiés professionnelles, Florence a vraiment compté – et pas seulement pour moi, mais aussi pour Didier Ragot, mon second… Dans ce monde, Florence était la seule fille à courir en compétition en multicoque. Sa disparition ampute une partie de nos souvenirs à tous. Je repense à tous nos moments sympas, heureux et maritimes. Certes, le bateau va disparaître, mais c'est bien ainsi car tout cela fut vécu dans l'excellence avec, ensemble, de la grâce, de la beauté, de la joie de vivre, de l'intelligence, du panache et de la force. Les bateaux, lorsqu'ils ne sont plus animés par des capitaines de valeur, ne sont plus rien.

J'ai parfois cette impression lorsque je revois les *Pen Duick* (j'ai passé dix ans de ma vie avec Tabarly). Tous ces bateaux sans Éric ne signifient plus rien. Ce qui faisait l'attachement à ces bateaux, c'était l'attachement à leur capitaine, au marin exceptionnel que Tabarly était, aux choses exceptionnelles qu'on a pu faire car il en avait le désir et la force, l'intelligence, la connaissance maritime. Le bateau est lié à l'action et à l'homme ou la femme qui le manage. Tout le monde ne réagit pas comme moi – je connais des marins qui ont navigué sur les *Pen Duick* et qui, lorsqu'ils les revoient, sont émus. Moi, au contraire, je me ferme. C'est comme dans les maisons, quand les parents ont disparu, le fauteuil du père reste vide ; mais ce fauteuil n'avait de raison d'exister que lorsque le père s'asseyait dedans… Bref, ce rappel de la disparition de Florence est douloureux. Quand les gens existent, ils sont là même si on ne les voit pas, ils font partie des pièces qui constituent nos vies. Le jour où l'une de ces pièces disparaît, on ne voit plus que le trou, l'absence.

Je suis passé il y a peu à La Trinité chez Jean Le Rouzic (le médecin chez qui Florence a habité mais nous avons tous habité chez lui à une époque), on ne s'était pas vus depuis la mort de Florence et tout à coup l'un de nous a prononcé son prénom et nous nous sommes tus. Nous n'avons plus parlé pendant sept ou huit minutes. Sept minutes de prières sans doute. Puis nous avons parlé d'autre chose et je suis parti. Là où aurait pu s'installer un dialogue fort s'est installé un silence encore plus fort. C'est la présence, au fond, qui s'est installée, la présence de Florence et pas son absence. La vraie présence. La maison de Jean Le Rouzic, c'était notre club. Les gens que j'ai aimés et qui sont partis appartiennent au monde de mes douleurs. Les gens que j'ai perdus me coûtent chaque jour… mes frères, mes sœurs, mes parents, la mère de mon fils. Je vis leur absence. Et de façon dense. Comme on a ses amis, on a ses morts. Et ses vivants. Mes morts me manquent, j'y pense souvent, jamais je n'en parle. Florence et Éric, ce sont des pans entiers de ma vie, des moments de connaissances et de rires.

J'ai toujours eu le sens du moment précieux. J'ai compris très vite que tout était fragile et que la présence de l'autre qu'on aime était précieuse. Je me rappelle qu'à 23 ans, sur *Pen Duick*, je m'imaginais à l'extérieur du bateau pour le regarder naviguer et me dire que j'avais de la chance. J'ai toujours eu le recul qui permet de profiter et d'être heureux de tel ou tel moment magique.

Avec Florence, nous vivions presque en bande, à Brest, avec nos équipages. Nous avions le même architecte. On se voyait chaque jour. Ces moments étaient pleins d'un vrai dynamisme. Nos bateaux, parce qu'ils étaient nouveaux, nous faisaient vivre un présent qui n'était en soi qu'un futur – tout était neuf, c'étaient les premiers multicoques, les premiers bras en composite…

Je regarde ce passé sans nostalgie. J'ai cette chance. La nostalgie nous pénètre un peu comme la brume pénètre un décor, les choses deviennent un peu plus floues. C'est insidieux, la nostalgie. J'ai lutté contre ce flou, je ne l'ai jamais accepté car il ne sert à rien. Le seul fait que l'image se brouille, qu'elle se teinte de l'émotion du souvenir, est hors propos. Du moins, ce n'est pas mon propos. C'est la porte ouverte à une forme de souffrance qu'évidemment je ne recherche pas. Aujourd'hui que je suis un homme vieillissant, je ne veux pas gâcher mon quotidien avec des choses malheureuses qui viendraient le contrarier. La nostalgie doit rester à quai. Ce n'est pas qu'elle n'existe pas, mais elle n'est pas la bienvenue. Et chez moi, les choses qui ne sont pas bienvenues ne viennent pas. Il ne reste que les moments de lumière et de gloire.

Si la nostalgie existe, c'est parce qu'il y a eu des moments de gloire. Or ces moments doivent rester lumineux. On ne doit pas s'en servir pour fabriquer du regret. La nostalgie, c'est quand le moment se teinte de brume. Je refuse la brume. Et cela pour être à même de participer au moment heureux, là, maintenant, tout de suite ou tout à l'heure.

Vieillissant, je ne me dis pas que les promenades en bord de mer seront de moins en moins nombreuses mais je me dis que les attaques de la nostalgie vont se faire de plus en plus fréquentes. Et c'est normal car j'ai plus de passé que d'avenir, donc dans l'équilibre de mon psychisme, il y a davantage de choses faites que de choses à faire. La tentation est grande de se laisser rattraper par le souvenir. Mais je veux encore me fabriquer des moments et non pas en revivre. Le jour où je vais disparaître, j'aurai été poli avec la vie car je l'aurai bien aimée et beaucoup respectée. Je n'ai jamais considéré comme chose négligeable l'odeur des lilas, le bruit du vent dans les feuilles, le bruit du ressac sur le sable lorsque la mer est calme, le clapotis. Tous ces moments que nous donne la nature, je les ai aimés, chéris, choyés. Je suis poli, voilà. Ils font partie de mes promenades et de mes étonnements heureux sans cesse renouvelés. Le passé c'est bien, mais l'exaltation du présent, c'est une façon de se tenir, un devoir. Dans notre civilisation, on maltraite le présent, on est sans cesse tendu vers ce que l'on voudrait avoir, on ne s'émerveille plus de ce que l'on a. On se plaint de ce que l'on voudrait avoir. Drôle de mentalité ! Se contenter, ce n'est pas péjoratif. Revenir au bonheur de ce que l'on a, c'est un savoir-vivre.

La terre est toujours une ombre.
C'est un croquis, jamais une couleur, plutôt un dessin.
Tout à coup, sur l'horizon plat, il y a une bosse :
c'est ça la terre.

Je crois que c'est parce que la mer n'a pas de mémoire qu'entre trente et soixante-dix jours il n'y a guère de différence dans le souvenir. La pureté vient de cet oubli.

La Polynésie est calme pour la Saint-Sylvestre ; il y a cette sorte de torpeur de saison des pluies, une saison chaude, où en réalité les vents sont mollassons, la mer est plate comme une limande et on dirait que Tahiti est une belle endormie. Moi, j'aime assez ça, parce qu'on se retrouve loin de tout et concernés par presque rien. Il n'y a pas de fausse excitation. C'est juste du temps qui passe avec du soleil, un peu de pluie, toujours un morceau d'arc-en-ciel à l'horizon durant la journée, et la nuit les étoiles scintillent. Quand minuit a sonné, j'ai sorti un énorme projecteur pour éclairer le récif, pour voir la tête de la première vague de minuit. Il était 0 heure et 1 seconde : la première vague n'était pas terrible. Les vents sont faibles, ils sont nord-nord-est sur la zone où je suis, et sur le récif, pour qu'il y ait des vagues fortes, il faut des houles qui viennent du sud, des houles fortes dues aux tempêtes du sud. Or les tempêtes du sud, à cette époque de l'année, sont beaucoup plus faibles parce qu'on est en plein été austral.

Cette première vague de l'année avait une saveur particulière. Je la regardais en pensant : si la fréquence est comprise entre dix et quatorze secondes, on va avoir entre trois millions cent vingt-cinq vagues dans l'année si c'est dix secondes, et deux millions six cent mille si c'est quatorze secondes. Et je me disais : est-ce que la première vague de l'année sait qu'elle est la première vague de l'année et fait un effort ? Pas du tout ! Pas du tout ! Elle montrait même une indifférence molle, à peine polie, un morceau de trait blanc sur le récif qui brillait dans le projecteur. Il n'y avait pas ce que j'espérais naïvement, parce qu'il faut être naïf pour espérer autant cette espèce de coquetterie de la vague qui se dit : « Je suis la première de votre calendrier, je vais me faire belle. » C'est pcut-être un peu normal, aussi. Ce sont des mouvements de mer qui durent depuis des millions d'années et notre calendrier, nos espérances doivent laisser ce monde-là bien indifférent. Comme je suis moi-même bien indifférent au futur. Si on commence à s'inquiéter pour le futur, on perd un temps énorme. Il ne faut s'inquiéter que pour des choses qu'on peut vraiment changer, et moi, ma réalité d'action dans le monde aujourd'hui est bien faible. La seule chose que je puisse faire est d'essayer d'un petit peu moins *nuire* à mon prochain, au sens étymologique du terme, mais ça s'arrête là.

La nuit est délibérément mystique.
Sous la lune, c’est le cerveau qui tourne ;
au soleil, c’est le corps.

Depuis 1993, un changement des phénomènes météorologiques a pu être noté – du moins, depuis cette date, l'ai-je constaté. Une certaine forme de tempérance météo s'atténue. Si l'on traçait un graphique, on pourrait voir qu'un certain nombre de ces phénomènes qui jadis auraient pu être représentés par des « crêtes » peuvent maintenant l'être par des « plateaux ». C'est dire s'ils se sont amplifiés. Il y a aujourd'hui des plateaux « sécheresses », « pluies », « vents », qui sont plus forts et plus développés qu'ils ne l'étaient avant 1993. Dans le Pacifique, par exemple, il est notable que, dans certains endroits, il y a des cyclones beaucoup plus forts que ceux que l'histoire météorologique du lieu laissait à penser. Il y a une peur de cette terreur météo non maîtrisée ; cette peur est certes légitime, mais elle est si importante qu'elle va jusqu'à faire oublier les causes mêmes de ces phénomènes. Je me demande si l'on a totalement, complètement fouillé les circonstances de cette amplification. On se précipite sur le réchauffement qui est peut-être l'une d'elles mais il y en a sans doute d'autres. Il n'est pas aisé de poser un diagnostic cohérent sur cette évolution. Le réchauffement est-il LA cause ou seulement l'une des causes ? Cette question est centrale dans le débat. J'ai le sentiment que personne ne sait trop… Il faut encore observer, pour prendre un peu de hauteur, les bascules météorologiques auxquelles notre monde fut soumis au cours de son histoire : refroidissement vertigineux, réchauffement vertigineux. Il faut savoir que les falaises de Douvres sont d'origine coralliennes ! CQFD.

L'homme a peur devant ce qu'il ne maîtrise pas – et là, il a raison d'avoir peur car toute notre société depuis trois siècles met le monde en coupe réglée et, brutalement, tout nous échappe.

Nous parvenons à faire une projection météorologique de notre planète telle que nous la connaissons aujourd'hui. Mais lorsque nous serons douze milliards sur terre au lieu de sept… Nous retrouvons en 2016 des craintes – basées sur une science réelle – qui prennent des tournures médiévales…

Ce qui est nouveau, encore, c'est que l'amplification des phénomènes n'est pas limitée à une zone géographique : c'est l'ensemble des systèmes météorologiques de notre planète qui subit des changements forts. Avant, de tels phénomènes étaient géographiquement circonscrits. Aujourd'hui, le dérèglement est général. Et la surpopulation est lourde de conséquences. Il en va de la météo comme des mouvements telluriques. Un tsunami en Indonésie, il y a cinquante ans, aurait tué quelques milliers de personnes, mais on ne l'aurait pas su ; on le sait aujourd'hui parce que des Européens étaient présents.

Il n'y a plus d'endroits au monde où l'on soit en sécurité : il n'y a pas de terres privilégiées. C'est une réalité de la perception du monde qui est la nôtre aujourd'hui. Et c'est impressionnant.

Ce n'est pas une obscénité de lutter contre le réchauffement de la planète, loin de là, mais est-ce que seule l'activité de l'homme en est à l'origine ? Mystère. Ou s'agit-il d'un nouveau basculement météo que nous n'avons pas prévu – ou qui n'était pas prévisible ? Possède-t-on toutes les données afin de répondre à cette question ?

On a toujours voulu maîtriser la météo. Je me souviens qu'il y a trente ans des entreprises vendaient de la météo – du moins des explications. Or on ne sait toujours pas comment naît une dépression, c'est dire.

En cinquante ans, le monde est devenu tout petit. Il n'y a pas un endroit qui ne soit pas photographié par Google ! Dans mon enfance, la Marine nationale naviguait encore avec des cartes sur lesquelles était inscrit : *terra incognita*. Les relevés dataient de cent cinquante ans. Un seul exemple : la cartographie sérieuse de l'Australie date des années 1970 et la mesure des courants du pays des années 1990.

Notre civilisation est devenue fragile face à la météo. Notre comportement sociétalo-météorologique est décryptable. Je m'explique : sur l'axe autoroutier Lille-Marseille, il se vend *x* kilos de chocolat par jour. Mais la vente diminue de trois quarts si la température passe au-dessus de 20 °C. C'est vrai pour tout. Nos comportements sont régulés.

J'explique notre hypersensibilité à la météo par notre fragilité face à elle. Notre société, pour des raisons techniques – et c'est sa gloire, c'est sa chance –, face à un problème donné a toujours apporté des solutions cohérentes depuis une centaine d'années. Mais face aux phénomènes que nous rencontrons, la donne a changé.

La dégradation du spectre météo tel que nous avions l'habitude de le concevoir, c'est-à-dire tel que nous l'avions appréhendé jadis, engendre une terreur justifiée. Pour peu que cette dégradation s'accélère, elle peut à plus ou moins long terme affecter les récoltes. Les famines pourraient revenir.

Lorsque l'on atterrit à Faaa, l'aéroport de Tahiti, l'odeur sur le tarmac, c'est le lagon et la fleur de tiaré, son parfum.

Lorsque l'on atterrit à Brest, c'est l'odeur de la mer et du vent du large, ça ne sent pas l'aéroport ni le dioxyde de carbone. Ce sont les deux seuls aéroports que je connaisse où, à la descente de l'avion, on est olfactivement en contact avec le pays.

La Bretagne et la Polynésie sont liées. Quand Gauguin passe de Pont-Aven aux Marquises, ce n'est pas un hasard. En Bretagne et en Polynésie, j'ai l'impression que les émotions arrivent par des canaux similaires : de temps en temps, à Brest, j'ai des sensations de Polynésie, et à Tahiti, à cause de la mer, de la couleur, des nuages, j'ai des sensations de Bretagne. C'est très étonnant.

Il y a des lumières tendres de Bretagne qui ressemblent à ce coin de Pacifique qui s'appelle la Polynésie.

Oui, je trouve que Brest et la Polynésie se ressemblent. On a effectivement une saison des pluies qui a parfois une certaine durée. C'est de la pluie qui, comme dans les pays tropicaux, ne gêne pas vraiment. Ailleurs, c'est de la pluie hostile, acide. Ici, c'est de la pluie d'Atlantique : c'est de l'eau, pas des larmes !

J'étais il y a peu en Patagonie et j'ai eu la chance d'y voir des lumières incroyables, les si belles lumières de ce pays. L'air est froid car les vents forts viennent du sud, il est très pur, les sommets des montagnes sont blancs, la visibilité est importante (quatre-vingts, cent kilomètres). Je mets le pied à terre au milieu de la Patagonie. Je marche sur la route, rien ne vibre, tout me semble figé, même s'il y a du vent. Les champs sont jaunes, les animaux sont immobiles au loin. Je marche et j'avise un panneau : « Route de la fin du monde ». Ce panneau correspond exactement à ce que je suis en train de penser. C'est comme si quelqu'un, brutalement, s'était introduit dans ma songerie afin d'en augmenter le décor. Cette route, manifestement, va vers le sud. J'y suis seul et je me dirige vers la fin du monde. Le moment est lourd poétiquement. Après, c'est l'Antarctique. Personne n'a jamais habité le pôle Sud.

Cette pancarte, sur cette route, n'est pas agressive. C'est une invite à la rêverie. C'est aussi une mise en garde. Douce. Non pas menaçante : « C'est la fin du monde ! » Rien d'effrayant, au contraire. C'est un rappel. Ce ruban goudronné mène, nous signale-t-on, vers la fin du monde connu, vivant. D'une certaine façon, c'est brutal. Pas angoissant mais brutal. Comme en Bretagne, il y a le Finistère, la fin de la terre. Dans l'histoire de l'homme, il y a toujours eu un besoin de nommer la fin de la terre. Il n'est pas innocent que j'habite aussi ce Finistère. Le vrai monde est maritime. La fin de la terre, c'est une promesse. « Fin du monde », quelle promesse ! Ces formulations sont suffisamment rares pour engendrer la rêverie. La fin de notre monde, c'est le début de l'autre. Comme il n'y a plus de *terra incognita*, la pancarte propose comme une alternative.

La Patagonie est une vraie réserve sauvage battue par tous les vents. Tous les vents du monde viennent taper au cap Horn et sur la cordillère des Andes. Le décor, ici, souvent désolé, nous interpelle : « Qu'est-ce que vous venez faire ici ? »

J'aime ces fins de terre. Elles remettent les choses en place. Elles indiquent que notre monde est fini et qu'il y en a un autre auquel nous n'avons pas obligatoirement accès.

Quand l'homme écrit « Fin de la terre », il confesse, d'une certaine façon, ses propres limites : fin du monde où je fais le malin, fin du monde où je domine, où je fais mon intéressant !

C'est très agréable de passer le canal de Panama : on se trouve immergé dans un système, au milieu d'un lac, tout autour c'est la jungle. On entend les singes hurler. Lorsque le bateau mouille près des écluses et qu'il faut prendre une bouée, il s'agit d'être prudent, de vérifier qu'un serpent ne s'y est pas accroché. C'est un monde surprenant, incroyable. On rentre dans la jungle en bateau. Et une partie de ce monde incroyable voit défiler des milliers de navires de toutes formes.

Lorsqu'on arrive de la mer, on n'a vu que de l'océan pendant des jours et, soudain, c'est la jungle, dense. Il fait lourd, chaud, les lumières sont foncées, ce sont des lumières de surchauffe. Les eaux sont vertes comme la jungle, les nuages sont bas, on sent que la pluie n'est jamais loin. Sensation d'étouffement. C'est assez facile, dans ces conditions, de se représenter l'horreur que fut la construction de ce canal. Je crois qu'il y eut vingt mille morts. La plus grosse ressource du canal, à l'époque, c'était la vente de cadavres conservés dans du vinaigre aux académies de médecine.

Quand le canal fut ouvert au début du XXe siècle, ce fut une révolution technique.

L'endroit est d'autant plus étonnant qu'il est le symbole de la main de l'homme dans l'œuvre du monde.

C'est la main de l'homme qui change le destin du monde. C'est impressionnant. Ce fut insensé de creuser un couloir jusqu'à un lac central, lequel allait alimenter en eau un autre couloir qui allait jusqu'à la mer et permettait aux bateaux de passer. Il y a sept mètres de dénivelé entre l'Atlantique et le Pacifique.

La devise du canal est visuelle : « Diviser pour unir. » Panama coupe la terre d'Amérique du Sud.

Le canal emploie cinq à six mille personnes. C'est une immense entreprise. Une manne. Quand je suis passé en 1969 avec *Pen Duick*, la traversée coûtait 1 dollar la tonne (le prix n'avait pas changé depuis la fondation du canal). Il en va autrement aujourd'hui.

Les bateaux les plus insolites traversent ce canal : c'est l'inventaire de Prévert de ce qui navigue. Un spectacle. Et une expérience insolite : si l'on traverse de nuit et que l'on est immobilisé sur le lac tropical, entre les écluses, les bruits de la jungle sont sidérants. On navigue en altitude (puisque l'on a franchi des écluses), au milieu de la faune.

La traversée est, d'une certaine façon, romantique. C'est le commerce du monde donc les histoires du monde qui traversent ici.

Lors de l'ouverture du canal, les navires qui l'empruntaient réalisaient une économie de navigation de deux ou trois mois. Panama était un nom connu dans le monde entier (c'est toujours vrai). Un nom magique. Celui d'un pays où l'on ne s'arrête pas. Là, on ne fait que passer. C'est émouvant. Et extraordinairement poétique : s'immobiliser sur le lac, avec la pleine lune au-dessus des arbres, les hurlements des singes dans la jungle à cinquante mètres… Quel décor ! Quelle parenthèse d'eau verte entre deux océans bleus.

J'ai souvent pris du plaisir à l'immédiateté de la mer. Je m'explique. À terre, le décor est transformé par un chemin, un arbre, une maison, une plante, un accès, un escalier. Il y a toujours une trace… Ne serait-ce que celle du vent qui fait gonfler le sable. Quand il pleut, il y a des flaques d'eau. Sur la mer, il n'y a aucune trace. Dès que la pluie cesse, tout est effacé. Les vagues ne laissent pas de traces. Il n'y a que la trace du moment. Dans l'ensemble du monde maritime, il n'y a que des traces de l'instant : si le vent souffle, la mer va gonfler, la vague prendra telle ou telle forme, et puis tout s'effacera, il n'y a rien de pérenne. Ou alors seulement avec les grosses houles qui transportent la trace de ce qui a pu se passer à des milliers de kilomètres de là en levant une mer énorme qui vient jusqu'à nous. Mais cette infime trace va mourir, il n'y a pas d'éternité dans les mouvements que le vent imprime à la mer, ce ne sont que des oscillations. Tôt ou tard, la mer efface les traces, tout est neuf à la surface de l'océan, tout ce qu'on peut y voir vient de maintenant, parfois d'hier, et ne survivra pas demain. Le passé est très proche, le présent a sa densité (du vent, pas de vent, de la lumière, pas de lumière, la nuit, le jour), le futur n'existe pas, il est indéterminé. J'ai toujours eu la sensation que la surface de l'océan était neuve, éternelle. Cette étendue d'eau qui bouge ou pas recèle toutes les quiétudes du monde. Tous les silences. Dans le calme plat, on a l'impression que c'est l'océan qui se referme dans le silence. On arrive à se retrouver englué dans des morceaux de silence du monde. La terre n'apporte pas ça. Elle a une mémoire. La mer, non. Juste cette eau qui se referme sur le silence de ses profondeurs. J'aime ce compagnonnage avec cet océan qui gronde souvent et se tait tout d'un coup.

Voici une expression bien polynésienne : *Aita pe'a pe'a*, qui signifie « c'est pas grave », et je pense que c'est l'une des expressions qu'on entend le plus souvent dans ce pays. Elle traduit une capacité d'indifférence. Comme s'il était de première urgence d'accorder à des événements secondaires une importance pour ne pas détruire l'agrément du moment. C'est ça exactement. Et j'adore cette formule, parce qu'elle correspond tout à fait à une mentalité très unique d'îliens qui considèrent qu'on ne va pas s'en faire pour des choses qui ne le méritent pas. Et ça fait partie aussi d'une certaine forme de joie de vivre polynésienne, de désir de ne pas s'encombrer de ce qui fâche et de ce qui n'est pas utile pour le quotidien qu'on a décidé de mener. C'est sûrement l'expression la plus « Pacifique » et la plus « Sud » de ce grand monde maritime. Elle veut dire, au fond : je me moque de tout, mais pas vraiment. On se fout de ce qui n'est pas intéressant ! Une manière d'être beaucoup plus ancré dans le moment présent.

C'est le *Carpe diem* du Pacifique Sud. *Aita pe'a pe'a* : profitons de ce que nous vivons là. Dans certaines formulations anciennes, hier et demain se confondaient. Voilà qui est complètement antinomique avec le système dans lequel l'ensemble du monde est en train de basculer, lequel considère que tout est grave, tout est important, tout est nécessaire, et qu'il s'agit de faire le buzz avec tout ce qui se passe.

À Tahiti, quand ça ne vaut pas le coup, on s'en fout, et je trouve ça délicieux.

En Polynésie, nous sommes à mille lieues du bruit – ou plutôt du faux bruit médiatique –, à mille lieues des buzz qui peuvent parfois nous occuper en métropole.

Et puis soyons clairs : c'est une vraie politesse, c'est un vrai savoir-vivre que cet *Aita pe'a pe'a*. Une véritable élégance.

Alors, me direz-vous, pourquoi une politesse ? Il faut rendre à la vie ce qu'elle vous donne, et j'aime bien cette espèce de dignité polynésienne qui refuse de s'embarquer dans des choses futiles et inintéressantes parce qu'elles risqueraient de polluer le délice du quotidien.

Aita pe'a pe'a ne renvoie pas à une forme de fatalité, non. Dans le fatalisme, il y a du désespoir. Dans le fatalisme, il y a un côté *Inch Allah !* : on ne contrôle pas, on verra bien… En Polynésie, c'est différent. Ce n'est pas la fatalité : on verra, ce n'est pas très important, mais de toute façon il faut veiller à ce que tout se passe bien.

Ce qui compte, c'est le présent. Le présent est la partie dominante de ce savoir-vivre : profiter du jour, profiter de l'instant. C'est aujourd'hui, ce n'est pas hier, ce n'est pas demain. Les plaisirs d'aujourd'hui, les joies d'aujourd'hui…

Je m'applique cette « philosophie »…

J'aime la campagne
lorsque la tache océane est au bout.

Je me rends à l'île de Pâques pour la première fois en 1970. Cette île, à l'époque, ne ressemblait « à rien », comme on dit aujourd'hui. Éloignée de tout, elle conservait une forte trace de légende. Sur ce morceau de terre perdue, nulle circulation commerciale, nulle circulation de pêche. Pas de port non plus. L'île de Pâques est une île sans port. Aucune des statues moaï n'avait été remise debout, ça ressemblait à un champ délabré avec des chevaux sauvages dont certains, blessés, erraient dans une campagne sans arbres. Ils ont replanté des cocotiers qui n'étaient pas là il y a quarante ans. Et des feuillus aussi.

Aujourd'hui, le tourisme a modifié le paysage. J'ai passé un mois de ma vie sur cette île et je dois avouer que je n'en garde pas un bon souvenir. En somme, c'est davantage un point d'interrogation qu'une réponse, l'île de Pâques. On observe ces statues immenses, on sait qu'une civilisation a vécu là et a sans doute mal terminé son expérience… C'est tout.

L'endroit est inhabitable. D'abord, il n'y a pas d'eau qui court, il n'y a pas de rivière, pas de ruisseau. Quand j'y étais, j'ai connu un dénommé Chavez qui, dans sa jeunesse, avait volé le bateau de la Guardia Civil avec un copain pour descendre jusqu'à Tahiti – ça fait quand même pas loin de quatre mille kilomètres – et voir une île où il y avait de l'eau qui court.

Je me demande toujours ce qui fait que l'antique civilisation de Pâques s'est éteinte. Et puis il y a toutes ces statues, immobiles, dont certaines ne sont pas sorties de terre encore (c'est pour ça que je dis immobiles), ces statues qui ne regardent rien… Je me demande ce qui s'est passé, quel est le délire. Une société qui n'a peut-être pas su s'adapter ? Et l'on peut à bon droit se poser cette question : est-ce que nous ne sommes pas, nous en Europe, en train de préparer une énorme île de Pâques ? Est-ce que nous n'allons pas bientôt habiter l'île de Pâques de l'Europe ?

Lorsque je pense à Florence Arthaud,
je pense à un personnage de roman.
Oui, Florence était un personnage de roman.
Elle avait l'aisance, le panache, le goût du rire,
un mépris amusé mais jamais hostile,
et une vraie joie de vivre.

Teahupoo est un des lieux mythiques de Polynésie : au vrai, c'est une vague, une très belle vague située au sud de Tahiti. Elle est, si l'on veut, en direct sur le récif – autrement dit à pic –, et quand ils sont à son sommet, les surfeurs qui la prennent voient le décor à leurs pieds. En somme, si on se rate, on se fait vraiment… vraiment mal. Et c'est l'une des très belles grandes vagues du monde – comme il y a Nazaré au Portugal, Jaws à Hawaï ou encore Belharra au Pays basque. Bref, chaque année se déroule à Teahupoo une compétition internationale de surf, une importante compétition dans laquelle on peut voir les plus grands surfeurs s'affronter, rivaliser de courage mais ça n'est pas, au fond, ce qui m'intéresse : ce qui me captive en revanche, ici, c'est ce qui semble se dégager du surf moderne. C'est-à-dire qu'il y a toute une catégorie de jeunes surfeurs qui a envie d'un autre surf que celui qui se pratique en compétition. Je m'explique : le surf est noté un peu comme le patin à glace, il faut que la vague soit bien prise… La note, c'est une mesure d'appréciation. Or ce sport est l'un des seuls où il n'y a pas de mesure possible. La seule mesure qui soit réelle dans le surf, c'est l'extrême, la violence de la vague et sa taille. Et lorsque j'observe les jeunes surfeurs de cette génération, je comprends que ce qu'ils veulent, c'est aller courir le monde pour « faire » les plus grosses vagues. Et uniquement les plus grosses. Ils ne sont plus vraiment intéressés par un type de compétition « classique ». Ce qu'ils recherchent, c'est la violence de la plus belle vague du monde.

Les vagues m'ont toujours fasciné. Dois-je préciser que j'ai quand même passé ma vie sur la mer, pendant quarante ans au moins huit mois par an, et que la vague qui arrive à Teahupoo n'est jamais que l'une de celles qu'on voit dans les quarantièmes rugissants ? Elle a parcouru trois, quatre ou cinq mille kilomètres pour venir mourir sur ce récif. D'ailleurs, elle s'est bien calmée, elle s'est arrondie. Ce n'est plus qu'une grosse ondulation qui redevient une vague lorsqu'elle tombe sur le récif. Mais ce sont des ondulations qui viennent des quarantièmes rugissants. Cette houle qui se balade partout, c'est un peu l'histoire du monde.

Teahupoo est une vague dangereuse.

Le surf est, de toute façon, un sport dangereux. Un sport sans vrai danger n'est pas très intéressant.

À Teahupoo, il y a un vrai risque : il y a une excitation à y aller et un honneur à l'avoir parcourue.

Il existe aujourd'hui une génération de surfeurs qui ont vraiment envie que leur carrière, leur honneur, ce soit d'aller surfer eux-mêmes les plus grosses vagues du monde, celles qui font vraiment peur.

J'aime la vie sur mer,
qui est une vie du présent.
Aucun passé, et un futur immédiat
qui va être déterminé par la couleur du ciel,
l'arrivée des nuages, la modification du vent.

Je longe les côtes d'Amérique du Sud par 43° sud et 64° ouest. Je suis à bord du *Soléal* et je fais route vers le détroit de Magellan et le cap Horn. Pour être précis, je suis au large du sud de l'Argentine, avant le pôle Sud.

Me voici donc embarqué sur le *Soléal*. C'est un bateau qui fait du voyage-expédition. Il est très confortable, luxueux, bien armé. Sur son pont, il y a quinze zodiacs. Des naturalistes mettent ces embarcations à l'eau pour aller voir les baleines, les manchots, tout ce qui existe dans ces mondes. Et je vais avec eux.

La route qu'emprunte le *Soléal* est le plus grand parcours maritime de l'histoire de la navigation – celui-là même que fit Magellan vers 1520. C'est l'acte de navigation le plus fort, celui qui a « fait » notre civilisation. Parce qu'un homme a cherché le passage le long des côtes de l'Amérique du Sud, il a cherché, il a cherché, et en définitive il a trouvé ce qui est devenu aujourd'hui le détroit qui porte son nom. Mais nous étions alors au début du XVIe siècle et les bateaux n'avançaient pas vraiment, ils remontaient le vent comme la fumée, ils devaient s'arrêter pour faire des vivres, pour faire de la nourriture, pour trouver du bois… C'était une aventure monstrueuse. Et cette aventure monstrueuse fut conçue et pilotée par le dénommé Magellan, qui est pour moi un marin extraordinaire, le premier à avoir accompli un tour du monde.

Au moment où j'écris ces lignes, il fait nuit, je ne vois rien que la lune presque pleine au-dessus de la mer lisse et noire – et quelques feux de bateaux de pêche. Dans la journée, j'ai vu beaucoup d'oiseaux mais pas encore d'albatros. Mais dès demain, vu la latitude, ils seront là. Plus nous allons descendre vers le sud, plus la faune va se manifester : lions de mer, phoques, morses…

Dans cette partie du globe, il y a peu de capitaines de bateaux de croisière qui aient les capacités maritimes, techniques de descendre, parce que, là, ce n'est pas du train-train, ça demande d'improviser, ça demande de comprendre la mer, ça demande d'être vraiment un bon marin pour commander dans ces zones. C'est du vrai voyage sur les traces de gens qui ont eu tellement de force, de courage et d'invention que, même pour moi, c'est très émouvant de passer là.

La musique de la mer me suffit ;
c'est de l'éternité dans l'oreille.

Aller en mer, c'est toucher cette sensation divine de solitude, et ce n'est pas une solitude de manque, c'est la solitude de puissance, c'est une solitude de goinfre, en réalité, où il y a tout à prendre, toute la magie, toute la merveille de ce monde. Je trouve que cette sensation d'isolement, de solitude, vous donne cette espèce de jouissance d'être le premier homme, d'abord parce que la mer ne garde pas de trace, les sillages s'effacent, c'est toujours pareil et toujours ondulant. C'est une émotion qui n'a pas bougé d'un poil. Encore aujourd'hui, je pars de Tahiti avec mon bateau de pêche et je ressens ces moments de grâce.

En Polynésie, vous êtes *fiu* quand vous êtes lassé ou fatigué de quelque chose… Et surtout, vous le reconnaissez avec une énorme liberté, sans jamais culpabiliser. Ces îliens peuvent être *fiu* de travailler ; c'est *fiu*, j'en ai marre, je veux plus, j'arrête, je bosse pas, c'est fini. C'est ça, le *fiu* ! L'apparition du *fiu* se traduit chez le Polynésien par le désintérêt du travail, d'une relation amoureuse, d'une activité ludique… que sais-je encore ? Ce comportement social polynésien est très individuel puisque c'est un individu qui est *fiu*, on est *fiu* ou on a le *fiu*. C'est quelqu'un qui dit : je n'en veux plus. C'est une façon de déclarer ne plus avoir envie de quelque chose, en ne culpabilisant absolument pas. Et c'est extraordinaire – au sens étymologique du mot –, parce que la plupart du temps, quand les gens sont lassés de quelque chose, ils culpabilisent un peu, ils se disent : quand même, je devrais faire un effort… L'idée de l'effort, à mon avis, n'est pas réellement intégrée dans la profondeur de la mentalité polynésienne. Voilà tout son charme !

Être *fiu* peut arriver donc à n'importe qui, n'importe quand, au boulot, dans une relation amoureuse… Tout à coup, vous êtes *fiu*. Ras le bol. Les Européens disent que ça peut aller jusqu'à la dépression. Je ne pense pas.

Les Européens, devant une certaine forme de déprime et de dégoût, se posent toujours des milliers de questions pour avoir une explication qui pourrait satisfaire psychanalystes, psychiatres et autres. Mais en Polynésie on s'en fout !… Et on ne donne aucune explication ! Le simple fait de dire « Je suis *fiu* » suffit !

Il n'y a pas socialement la nécessité de commenter les détails de la raison de l'état. C'est formidable, non ?

Quand on descend par le Grand Sud, les mers sont effrayantes et toute possibilité de secours est une utopie. Là-bas domine l'isolement total, celui d'un immense désert de vagues d'une sauvagerie d'aube du monde.

La nuit, le bateau luit, la mer luit. C'est comme si la lune luisait ici plus qu'ailleurs. Ce sont des brillances soyeuses et tout cela est d'une beauté renversante.

Je suis allé il y a peu pêcher aux Marquises et j'ai donc passé un peu de temps dans ces îles magnifiques, ces grands pics verts qui sortent de la mer, cette ambiance très spéciale quand même, formidable sensation d'isolement. C'est à mille deux cents kilomètres de Tahiti, c'est à 10° au sud de l'équateur, et, pour tout dire, c'est loin, loin, loin, loin. J'y suis passé plusieurs fois, jadis. J'y étais allé il y a une quarantaine d'années, avec un bateau de guerre, j'y suis retourné, et j'ai repensé à Jacques Brel, à ce choix d'un homme qui décide d'aller mourir quelque part dans un endroit du monde qui n'est pas son pays, qui n'est pas sa terre – à ce lieu qu'il choisit parce que c'est l'idée de la terre et du monde qu'il a, ou qu'il a eue, ou qui le séduit. C'est très touchant ! Être enterré dans cette sorte de montagne verte, quel destin ! Quelle belle histoire, quelle belle histoire d'amour de cet homme pour ce pays ! Et, pensant cela, je fus porté à davantage me recueillir.

Je pense qu'en fonction de ce qu'il était, de son goût de la simplicité, de son goût de l'isolement, de cette façon aussi de lutter contre l'isolement que crée la maladie chez les hommes, il avait choisi ça. Mais c'est très dur de comprendre. Déjà, lorsqu'on est intime avec quelqu'un, il est difficile de saisir le choix que la personne fait avant de partir, de nous quitter ; ce choix est souvent opaque. On peut seulement percevoir, lointain, un amour, une passion, une douleur…

Les Marquises sont des îles hautes, avec une végétation dense. Il n'y a pas de lagon, ce sont des îles avec des baies, relativement peu abritées, et dans lesquelles il y a toujours des restes de houle. C'est sauvage, avec un caractère isolé, encore brutal. Ce n'est pas Saint-Tropez, quoi. C'est très, très peu construit, il y a peut-être aujourd'hui six mille habitants. À un moment donné, ils n'étaient plus que deux mille, tellement la population était décimée. C'est un monde à part. À quoi ressemblent les Marquises ? Je ne peux pas… c'est difficile de dire à quoi ressemble l'isolement, à quoi ressemblent des montagnes sorties de la mer, couvertes de végétation et si loin des hommes.

Je me promenais, voici quelques jours, sur le port de Brest, il faisait vraiment mauvais temps et je remarquai que l'*Abeille Bourbon*, le remorqueur, était toujours à quai. Compte tenu de la tempête, je me dis : « C'est bizarre, il devrait appareiller. » J'aime beaucoup ce bateau, c'est un remorqueur d'une puissance énorme, c'est LE bateau de sauvetage par excellence – en un mot, c'est celui qui sort lorsque tout le monde rentre ou plutôt qui sort quand tout le monde voudrait être rentré. Ce bateau sait faire la vraie guerre au mauvais temps. Bref, je décide d'attendre son appareillage, c'est-à-dire assister à sa manœuvre d'appareillage – c'est captivant et beau, une manœuvre comme celle-ci, ce n'est pas rien d'emmener vingt mille chevaux d'un navire qui fait quatre-vingts mètres de long depuis un quai qui n'est pas large (du moins, ici, à Brest). Je me souviens d'avoir manœuvré l'*Abeille Flandre* avec son commandant Bulot, un bateau de sauvetage plus petit. Bon, je regarde l'*Abeille Bourbon*… Quand on aime les bateaux, on s'imagine toujours en train de les manœuvrer, de *jouer* avec. Avec Carlos, l'ancien commandant de l'*Abeille*, j'étais monté à bord et, comme j'étais en stand-by caché derrière l'île de Sein, nous nous amusions à faire des manœuvres dans l'avant-port, c'était à celui qui poserait le bateau le plus près de la bouée. Ces énormes bateaux se manœuvrent avec un stick – une petite barre – et, si l'on est suffisamment habile, on peut les poser sur une pièce de deux euros.

Bientôt, l'*Abeille* appareille et je me laisse emporter à regarder la manœuvre. Je crois que c'est un métier que j'aurais pu faire. Je crois que j'aurais été heureux en faisant ce métier. Si j'avais eu dix vies, j'aurais fait « courses » et, pendant les vacances, « remorquage » ! Voilà ! Selon moi, le sauvetage, c'est la manœuvre par excellence. En général, les conditions sont immondes, le bateau qu'on va chercher n'est pas manœuvrant, la mer et le vent le mettent de travers, les treuils de bord et tous les engins qui permettent de passer des élingues sont hors de marche, tout devient complexe. Ce métier demande une finesse de manœuvre dans des conditions épouvantables, un équipage d'une grande compétence. C'est très technique et, dans le même temps, c'est de l'art. Apponter un Mirage 2000 sur un porte-avions suppose de respecter un protocole immuable. En sauvetage, le protocole n'est pas « écrit », on sait juste qu'il y a des bêtises qu'il ne faut pas commettre mais rien d'autre. Sur la plage arrière du remorqueur, les hommes qui officient constituent une élite maritime. Il faut sans cesse avoir un œil sur le bateau et l'autre sur la mer car elle peut capler tout le monde : on peut vite se retrouver à nager dans deux mètres d'eau à l'intérieur même du bateau ! C'est dire l'habileté que ces marins doivent développer. Et il faut saluer leur expérience et, dans les cas les plus périlleux, leur réactivité, leur intuition. En somme, il s'agit de faire montre de beaucoup d'intelligence. Lancer une élingue lorsqu'il y a un effet de houle… Câbler au bon moment, celui-là et pas un autre… De l'art. Il faut sans cesse être créatif, s'adapter aux conditions, deviner ce qui va se passer, anticiper, comprendre le vent, la mer, la houle… Est-ce que cette houle est traversière ou non, comment le bateau va-t-il se comporter ?

Ce métier est passionnant. Et je suis ému par ces gens qui le font.

Si ces bateaux n'existaient pas, si ces hommes dont je viens de parler n'existaient pas, il y aurait beaucoup de morts en mer – il passe quatre-vingt mille bateaux par an au large de Brest et, par mauvais temps, ils ne sont pas tous équipés, ce qui met les autres en danger.

Ce jour-là, à Brest, quand les nappes de pluie et de vent formaient un rideau terrible et que j'ai vu l'*Abeille Bourbon* appareiller, j'ai pensé, non sans émotion, au talent de ces marins. Et je me suis dit : « Quelle belle vie ils ont ! »

À l'entrée du canal de Beagle, j'ai vu – pour moi, dans la saison – les derniers albatros noirs. À cette latitude-là, on commence aussi à voir les grands albatros, ceux qui nous suivent autour du monde, qui suivent les bateaux en quasi-permanence, en volant sans donner un coup d'aile, et qui font le tour du monde poussés par le vent. Ces grands oiseaux, je les ai quittés avec une certaine nostalgie, parce qu'on ne s'en va pas impunément de ces grands espaces où soufflent les vents d'ouest arrêtés par la cordillère des Andes, on ne quitte pas impunément les grosses houles du cap Horn : on y laisse toujours un peu de soi, un peu de ce qui a fait vibrer, de ce qui a ému.

Me voici à Santiago du Chili. Et là, c'est l'étonnement total. Je n'étais pas passé depuis une dizaine d'années, et, avant, je dois le confesser, je n'avais pas eu le temps de regarder la ville. Elle a explosé. Littéralement. Les architectes ont construit la plus grande tour d'Amérique du Sud, qui fait trois cents mètres de haut. C'est quand même un pays où il y a des séismes. Bref, que d'audace suicidaire. Et cette ville, qui était encore il y a une quarantaine d'années une grosse bourgade – laquelle ressemblait presque à celles qu'on voit dans les dessins d'Hergé avec les généraux sud-américains toujours en révolution –, s'est littéralement transformée. Aujourd'hui, Santiago compte six millions d'habitants pour un pays de dix-sept millions. Le Chili, c'est quatre mille kilomètres de long, c'est comme si vous aviez un pays qui partait de Norvège et qui arrivait au Maroc, avec toutes les différences de latitudes, de climats. Le tout très étroit, bordé à l'est par la cordillère des Andes.

Le Chili n'a pensé à défendre ses frontières que du côté maritime, ce qui explique la qualité des unités chiliennes et des gens qui gardent ses côtes, qui surveillent les phares.

J'ai toujours le cœur qui bat pour les spectacles de la mer. À terre, j'aime bien quand les hommes sont dégourdis et font de leur vie une œuvre. Et c'est un peu ce qui est en train de se tramer à Santiago du Chili où, contre tout, ils bâtissent une ville sublime.

Février 2015. Les grandes marées à Brest, c'est de la folie. D'abord, la mer monte très haut. Hier soir, par exemple, j'étais sur le bassin, l'eau était au ras des quais. Comme il n'y avait pas de vent, il ne se passait pas grand-chose. Sauf que, quand même, si ça monte très haut, ça descend très bas. C'est-à-dire que tout à coup la mer se met, surtout dans des zones comme la rade de Brest qui est relativement plate, à découvrir des hectares et des hectares de fonds de baie. Et à ce moment-là, pour les Brestois, c'est la ruée de la grande marée pour s'approprier les ormeaux, les coquillages, les palourdes, les praires, tout ce qui traîne au fond de l'eau.

À Brest, les gens sont assez sérieux, ils prennent le boulot à cœur. Sauf qu'en période de grandes marées c'est la désertion des bureaux, l'administration, tout… Personne ne va au boulot. Hier, j'ai appelé à titre documentaire le maire de Brest. Il était déjà parti à l'île de Molène. Il m'a dit : « De toute façon il n'y a plus personne qui travaille à la mairie, c'est la marée, on y est aussi. » C'est drôle et sympathique pour des gens qui ne « pratiquent » jamais l'absentéisme. L'absentéisme de la grande marée est sacré, ici. Et c'est vrai que c'est une ruée. Le maire, hier, avait pêché une vingtaine d'ormeaux, à la bonne taille – il faut au moins neuf centimètres de diamètre. Tout cela est très réglementé. Les ormeaux, les praires, toutes les tailles sont réglementées. Il ne faut pas être prédateur de ce qui est trop jeune, il ne faut pas être prédateur de ce qui ne s'est pas reproduit. Et cette espèce de pêche à pied qui était considérée jadis comme la pêche des pauvres – celle des gens qui n'avaient pas de bateau –, c'était un peu de la glane. C'est devenu dans ce pays un vrai sport national, c'est une passion bretonne. Donc les gens sont très engagés. Un écrivain français, Michel Le Bris, le créateur du festival Étonnants Voyageurs à Saint-Malo, écrivait dans un très joli livre, *Un hiver en Bretagne* : « Si certains hivers tu vois qu'untel n'est pas sur son lieu de pêche, c'est parce qu'il est mort. »

Parfois, l'océan est entre le noir, le vert et le gris.
C'est dantesque.
Malgré l'écume blanche,
l'hostilité est déclarée…
Selon son humeur, la mer change de couleur.

C'est facile de parler des tempêtes, des montagnes d'eau blanches d'écume, de la violence incroyable des chocs de la mer sur la structure du navire qui a l'air d'un lutteur accablé par les coups du vent qui hurle dans le gréement, de ces vagues sorties de nulle part qui grondent, éclatent, submergent et parfois blessent navires et équipages, de ces heures passées la peur au ventre cramponné à la barre, stupéfait par la violence déchaînée… Cette sensation d'être un boxeur avec les mains attachées, qui prend des coups et ne peut en donner, et dont la survie ne dépend que de sa qualité d'esquive et de la lassitude de l'adversaire. Je connais ces combats qui épuisent l'âme et le corps et dont on ne sort jamais vainqueur mais seulement vivant, si Dieu le veut.

Mais parler des calmes ! Comment expliquer la cruauté de ces instants limpides où la mer n'est que douceur ; surface lisse et bleutée sur laquelle se reflète à peine déformée la silhouette du bateau. Le silence absolu qui nous entoure, les nuages immobiles dans ce tableau d'été parfait ; et la nuit quand les étoiles allument le miroir de la mer comme autant de bougies avant que le lever de lune ne projette les ombres légères du gréement sur l'océan : rien ne bouge, tout luit, et ce silence encore, pas le moindre frémissement de l'eau à l'étrave.

Ce silence, c'est le cœur du bateau qui s'arrête de battre, des secondes, des minutes, des heures, des journées parfois.

Je connais bien cet horrible silence : le bateau est dans le coma, les secondes sont longues et les heures courent à toute allure, perdues. C'est le silence des bateaux que le vent abandonne ; des quarts entiers passés à guetter un souffle qui ne vient pas. Plus rien n'a de sens : impuissance totale. Stoïques, nous regardons la moyenne qui s'écroule, le temps qui se précipite et le vent qui ne revient toujours pas.

Sensation collective de migraine et de gueule de bois dans la nuit immobile.

Peut-on remettre cette lettre au vent ?

« Et si vous ne reveniez jamais. Qu'il vous prenait l'envie comme cela, sans même dire au revoir, las que vous devez être de balayer la crasse des villes, de disperser les fumées empoisonnées des usines, de secouer des fils électriques et des panneaux de signalisation, pour vous retrouver quelques mètres plus loin à tourbillonner dans l'odeur pestilentielle des décharges, sans compter que vous vous déchirez les rafales sur les milliers d'antennes et de câbles dont les villes sont hérissées.

Il n'y a pas si longtemps, c'était magnifique d'être le vent. Vous apportiez des senteurs selon les saisons, effeuilliez des roses, courbiez des blés, faisiez faire des loopings aux oiseaux, arrachiez les feuilles mortes, séchiez le linge. C'est vous aussi qui faisiez grincer les girouettes, claquer les oriflammes des champs de bataille et dans certains pays tourner des moulins. Certains jours, plus polisson, vous emportiez les chapeaux et souleviez les jupes mais, surtout, pendant plus de deux mille ans c'est vous qui emmeniez les bateaux. Pas un voyage sur la mer sans vous, pas de Christophe Colomb, pas d'Amérique, pas d'Australie, pas de Polynésie. Jusqu'il y a cent ans, pas un grain de café ni une lettre d'amour qui ne soit arrivé sans votre aide. Il faudrait une vie pour raconter tout ce que vous nous avez permis de faire. Jadis, tout le monde le savait et vous saviez que vous étiez utile et aimé, et en Méditerranée, berceau des civilisations, on avait coutume de dire : quand vous n'êtes pas là, c'est la galère.

Aujourd'hui, les moulins tournent au nucléaire, les sèche-linge aussi, les roses poussent dans des serres en plastique, plus personne ne porte de chapeau et les filles ont des collants sous leurs jupes, et pour ce qui est des bateaux… Nous, les marins, parlons de vous tout le temps, recherchons sans fin votre compagnie. Vous faiblissez, c'est l'inquiétude ; vous partez, c'est le drame ; nulle part au monde vous n'êtes autant chéri, choyé, attendu. »

Tavaé. C'est un pêcheur polynésien auquel il est arrivé une vraie aventure. Il pêchait vers les îles Sous-le-Vent, entre Bora-Bora et Huahine. Il est tombé en panne de moteur, et il est parti pour une dérive qui a duré cent dix-huit jours. Pendant presque trois semaines tout le monde l'a recherché et pendant cent dix-huit jours il a dérivé dans le Pacifique, seul, sans vivres, en récoltant de l'eau de pluie pour s'hydrater, en pêchant ce qu'il pouvait pêcher. Et l'histoire est très belle parce que, quand il est rentré, ses amis polynésiens l'on fait parler. Et il y avait là un Français, Duroy, un très bon écrivain, qui a réussi à traduire au fur et à mesure la pensée de cet homme et son histoire. Et il sort de cette « traduction » un document qui est très, très émouvant. Ce n'est pas seulement l'histoire du naufragé, ce n'est pas seulement l'histoire du courage, ce n'est pas seulement l'histoire d'un homme qui ne désespère pas, ce n'est pas non plus seulement l'histoire d'une femme, sa fille, qui, à terre, attend, qui est persuadée que de toute façon il n'est pas mort, qu'il est toujours vivant. Mais c'est aussi la première fois dans toute l'histoire de l'humanité qu'un Polynésien parle et raconte la mer, raconte la mer qu'il a vécue, la mer qu'il a sentie, comment il a fait pour survivre, comment il s'est promené entre le souvenir de ses ancêtres, ceux de son enfance, ce que lui disait sa maman quand il était petit en lui parlant de l'immensité de l'océan, et le document est absolument bouleversant.

Tavaé parle comme les Tahitiens parlent. Quand on veut savoir quelque chose en Polynésie, ce n'est pas en posant la question en français qu'on obtient une réponse satisfaisante. C'est en parlant la langue des Maoris, et c'est dans cette langue que les Polynésiens s'expriment le mieux. C'est dans leur langue – et seulement dans cet idiome – qu'ils expriment toutes les finesses, les détails, les craintes, les souvenirs, les tendresses, les à-propos… C'est le maire de la ville de Faaa, Oscar Témaru – personnage très important en Polynésie –, qui traduisait pour le Français les émotions de Tavaé. Et là, tout à coup, on découvre une vraie culture polynésienne, un vrai rapport à la mer, très particulier ici, comme on en a aussi en Bretagne, qui n'est pas tout à fait le même que celui qu'on a en Norvège ou ailleurs. Et c'est très beau, c'est très touchant et c'est très fort.

Dériver cent dix-huit jours sans réserves, ni eau ni nourriture, ça relève de l'exploit et du miracle. Tavaé résiste parce qu'il est polynésien, il est presque biologiquement de cette espèce d'homme qui est élevée sur l'eau et sur la mer, et qui, lorsqu'il est en difficulté sur la mer, a les moyens, la force de caractère de chercher en lui des réserves qu'on penserait ne pas exister.

Je pense quelquefois à Magellan, à son équipage, à sa route. J'imagine sans peine le bateau au ras de l'eau, le mauvais temps, l'humidité qui s'infiltre partout – tout est toujours trempé à bord –, la nourriture qui devient aléatoire les jours passant, l'ignorance de la géographie… Chaque fois que les bateaux passent un cap, il y a une baie derrière et donc un espoir… celui de trouver le passage – ce fameux détroit –, et souvent la déception est au rendez-vous. Cette aventure s'est répétée jour après jour depuis des mois, presque un an, en descendant près des côtes de l'Amérique du Sud. Avec une vraie spécificité très impressionnante pour les hommes : quand on fait de la navigation est-ouest, on reste dans les mêmes couleurs de mer, à peu près dans le même monde : on sait bien, par exemple, que la mer près des côtes du Portugal au mois d'avril a la même couleur qu'aux Antilles ou dans les Caraïbes. En revanche, dès lors que l'on suit un axe nord-sud, on s'enfonce dans des mondes où, en été, la lumière est presque éternelle et, en hiver, tout est noir, froid, glacial. La mer a changé de couleur, elle est noire, verte, dense, lourde. Rien à voir avec ce morceau, presque rien, d'Atlantique qu'a pu traverser Colomb. Et je crois que les équipages de Magellan étaient composés d'hommes forcément rustiques pour supporter la souffrance ; j'imagine qu'ils étaient volontaires pour ce voyage incroyable et qu'ils trouvaient ainsi le moyen de s'échapper d'un monde, le leur, dans lequel ils n'avaient pas forcément trouvé le bonheur – et c'est un euphémisme. Pour moi, c'est très impressionnant d'imaginer leur capacité d'énergie, d'endurance, de souffrance. Souvent, j'ai songé que si je voulais me retrouver dans les mêmes conditions qu'eux, je devrais me mettre en chemise sur le pont de mon bateau pour sentir le froid qui me pénètre la chair et les os. Ils étaient couverts mais toujours humides ! Je me rends compte que ce périple de Magellan est d'abord une histoire d'hommes. Une histoire forte. Élégante et dense. Il y a tout dans cette aventure. Ajoutons à cela qu'aujourd'hui nous disposons de cartes. Eux non. Ils ne savaient pas où ils se trouvaient. Il n'y avait pas de cap nommé, de baies déjà vues. C'était l'inconnu. C'étaient les premiers à passer ici ou là et à en faire le dessin, la cartographie. Ils cherchaient un passage à l'aveugle, au hasard. Ce qui me frappe, c'est la densité émotionnelle de leur recherche. Car, d'une certaine façon, elle suppose une capacité de révolte, de brutalité, de solidité, d'enthousiasme, de croyance et de rêve : trouver le passage vers l'autre monde. Et cet autre monde est forcément chargé de merveilles : le lait y coule à flots, on ramasse l'or par terre et le pain d'épice pousse dans les arbres… Cette naïveté du monde meilleur, qui certainement les encourage à le chercher pour devenir riches et heureux enfin – et revenir victorieux chez eux –, est émulatrice. Un retour de caravelle à cette époque était sans doute aussi important qu'un retour d'une mission de la Nasa aujourd'hui. Et peut-être même davantage. Car quand un équipage de la Nasa part aujourd'hui, il sait ce qu'il va chercher. Quand Magellan se dirige vers le sud, il ne sait pas sur quelle lune il atterrira ! Cette partie de l'histoire des hommes est pour moi merveilleuse. J'avais du mal à ne pas y penser avec force émotion la dernière fois que j'ai emprunté le détroit de Magellan. Ce qui m'a fait plaisir, c'est lorsque je suis rentré dans le détroit et que j'ai mis le pied à terre, j'ai pu constater que le navigateur, l'aventurier, n'avait pas été oublié : tout s'appelle Magellan, l'auto-école, la rue, la boucherie… C'est formidable. La population qui vit ici aujourd'hui n'a sans doute que peu d'idée de ce personnage emblématique. Mais rien n'a pu effacer son nom. Magellan est devenu la gloire de ce monde et la gloire de ceux qui sont venus habiter cette contrée hostile. Et comme tous les endroits hostiles sur cette terre, il y a fort à parier que cette hostilité de la région favorise chez ceux qui l'habitent les élans du cœur. Cette zone du monde est émouvante. D'ailleurs, c'est la ruée vers la Patagonie. J'aime bien l'idée que des individus viennent se reconstruire dans ces décors que leur présence nombreuse n'a pas réussi à détruire. Il souffle encore ici un vent d'aventure, un vent de limite du monde.

Le soleil est en train de se languir sur l'horizon, dans une heure et demie il fera nuit : je suis à Hiva Oa, c'est une île des Marquises, où sont enterrés Gauguin et Jacques Brel. Le bateau est au mouillage. Tout ici est d'une grande beauté ! Bref, j'ai mené aujourd'hui une vie délicieuse dans un monde très préservé. Je suis saisi par l'émotion : savoir que non loin de moi, à moins d'un kilomètre et demi, sont enterrés Brel et Gauguin. Gauguin que j'adore parce que c'est le peintre de la Polynésie dans laquelle j'ai choisi de vivre depuis une quinzaine d'années et dont j'étais amoureux depuis quarante ans, et Jacques Brel, ce chanteur admirable… Et les Marquisiens ont une formule formidable. Tout à l'heure, j'étais à quai et je parlais à l'un des capitaines de pêche : « Il y avait le Belge Jacques Brel qui vivait là. » Il me répond : « Tu veux dire le chanteur marquisien… »

En effet, il est devenu l'enfant du pays, celui qui décida de passer cette fin de vie qui lui filait entre les doigts à cause d'une maladie grave ; il a tellement aimé ce pays, il a tellement donné et a tellement été reconnu par les habitants des Marquises qu'aujourd'hui il est marquisien. Et je trouve ça touchant et beau. Les îliens ne voient chez eux que des gens de passage ; ils viennent, y travaillent et repartent. Brel, lui, a délibérément choisi d'y vivre et décidé d'y mourir.

Je comprends quelque chose qui m'avait échappé un peu auparavant, c'est la qualité de l'homme, l'homme qui sait qu'il va mourir, que sa vie s'en va, et qui décide que ses dernières années se passeront au centre du plus grand océan du monde, dans ces îles très loin de tout à l'époque encore, et avec tellement de bonté, de générosité, de force, que même moi, qui ne suis pas spécialement un fou de musique, j'ai une vraie émotion quand je pense à lui.

Je sais ma chance d'être ici aux Marquises en bonne santé. Je viens de vivre de bons moments maritimes, j'ai eu la chance d'embarquer sur un bonitier – un bateau local de douze mètres de long à peu près, en bois, avec un gros moteur, très peu d'équipements. Et je suis allé pêcher avec un équipage : capitaine, 18 ans ; premier matelot, 22 ans ; deuxième matelot, 25 ans. Je suis allé pêcher aux oiseaux – je comprends que l'expression a de quoi surprendre. On essaie de repérer les vols d'oiseaux pour aller mettre les lignes dessous. J'ai vécu un enchantement. J'ai vu pêcher de jeunes gens habiles, fins, drôles, gentils, efficaces, respectant le poisson, tirant les lignes comme il faut. Au bout de quatre heures, nous avions pêché dix tatars, un thon de soixante-dix kilos… Et un thon de soixante-dix kilos n'est pas ce qu'il y a de plus facile à monter à bord, parce que, *a priori*, le poisson n'a pas spontanément envie de changer de milieu ! Et j'ai passé des heures de bonheur dans cette belle lumière du matin, là où le jour est levé depuis une heure ou deux, la mer est bleue, il y a une quiétude sublime, il y a juste assez de vent pour que la mer scintille… Avec ces pêcheurs, j'ai retrouvé vraiment tout ce que j'ai aimé dans le sport et dans la pêche. Parce que ce métier de pêcheur est constitué d'hommes respectueux de l'environnement. Au bout de quatre heures de pêche, nous devions avoir deux cent cinquante kilos de poisson. On aurait pu pêcher plus mais le capitaine de 18 ans, marrant comme tout et formidable, a dit : « On en a assez dans le garde-manger, on rentre à la maison. » Cette décision réfléchie, qui consistait à ménager la ressource, à ne pas trop en prendre, le tout dans ce décor de rêve des Marquises, a fait de cette journée un vrai moment de lumière. Le vrai bonheur, c'est de se donner autant à ce métier, comprendre le poisson, voir la mer, savoir où il faut mettre les lignes. J'ai pris un infini plaisir à accompagner ces hommes parce que j'adore le travail bien fait. C'est très rare aujourd'hui que je sois avec un équipage jeune et doté de cette conscience profonde…

Aujourd'hui, c'est le baptême du dernier bateau de CMA CGM (une compagnie d'armement).

Porte-conteneurs de trois cent quatre-vingt-dix-huit mètres de long, large de cinquante-quatre mètres : voici le *Bougainville*, géant des mers. Je donne des chiffres parce qu'il faut imaginer le volume du navire. Seize mètres de tirant d'eau – c'est ce que vous ne voyez pas, ce qui est sous la coque, sous l'eau. Le bateau consomme trois cent trente tonnes de fuel par jour. Il marche à vingt et un nœuds, soit à peu près trente-huit kilomètres à l'heure. Il est monstrueux, ce bateau : il peut embarquer ce qu'on appelle des conteneurs, dix-sept mille huit cents boîtes. Chaque boîte est reliée par ordinateur à un système, donc on sait tout ce qui se passe à l'intérieur : la température, l'humidité, la chaleur, tout. Le système est nouveau et permet de contrôler l'intégralité de la cargaison. Je crois que c'était la première fois qu'un gros bateau l'embarquait. Tout ça est bluffant, techniquement parlant. Et ce qui me touche, c'est que le bateau s'appelle *Bougainville*. Louis Antoine de Bougainville, entre 1766 et 1769, réalise un des premiers tours du monde. Mais c'est un tour du monde de botaniste. Il invente d'une certaine façon un comportement maritime. Il part avec trois cents hommes pendant quatre ans, et ne déplore à son retour que sept morts. Dans les expéditions de l'époque, on pouvait tolérer jusqu'à 15 ou 20 % de morts. Parce que la médecine n'était pas au point, parce qu'un blessé faisait vite un mort. Et Bougainville prend tellement soin de son équipage que ça devient exemplaire : dans toutes les marines du monde on parle de ce tour du monde de M. de Bougainville en disant : c'est un challenge d'avoir emmené tant de gens pendant quatre ans autour du monde, en passant par le détroit de Magellan, puis sur des mers tropicales qui ne sont pas aisées – c'est le moins que l'on puisse dire –, et d'avoir ramené presque tout son équipage vivant.

Aujourd'hui, on a oublié le poids de ce challenge. Il a donné son nom à l'arbuste : le bougainvillier. On peut dire que Bougainville a fait le tour du monde pour une fleur.

Je reviens d'une île de Polynésie remplie de mystères et de secrets : c'est l'île de Mururoa. Parce que dans cette île, il y a eu plus de cent cinquante bombes nucléaires qui ont explosé, soit en surface, soit accrochées à un ballon, soit en mer, soit en sous-sol. Il y a une partie de l'île, à cause des explosions, qui s'est enfoncée sous la mer. Il y a un côté naufrage mais ça a aussi permis à un certain nombre de scientifiques de voir ce que seraient les autres atolls le jour où il y aurait la montée des eaux. Ça donne donc une idée de ce que pourrait devenir cette zone du Pacifique si la montée des eaux devenait forte et rapide. Mais il y a autre chose de très étonnant : c'est la construction de béton dans laquelle on a dû abriter les instruments de mesure, ceux qui permettent de faire exploser les bombes. Et on s'aperçoit qu'il y a une énergie et une intelligence colossales, une grande volonté, énormément d'argent, tout ça pour mettre au point une bombe nucléaire. Mais c'est vrai que le développement nucléaire décidé par le général de Gaulle a permis bien des choses : les centrales nucléaires aujourd'hui en France, toute une partie de la recherche médicale, sans parler de la force de dissuasion. Les bombes n'ont pas servi, mais elles sont loin d'avoir été inutiles. Leur présence a suffi à garder la paix dans le monde.

Mururoa est toujours gardée pour de multiples raisons. Il ne serait pas souhaitable que quelqu'un vienne fouiller dans les puits parce que ça pourrait permettre de reconstituer exactement la qualité du plutonium. Donc c'est gardé, parce que c'est un terrain militaire. Et il y a suffisamment de traces à Mururoa de ce que le CEA a été capable de faire en recherche atomique pour que quelqu'un possédant les moyens techniques puisse trouver des informations juste en fouillant le sol.

Aujourd'hui, l'endroit semble maudit comme Verdun. C'est donc cela, le prix de la paix ?

Je suis à trente kilomètres à l'ouest de Brest, et j'admire ce moment de l'année qu'est le mois de juin à ces latitudes-là, on approche du 21 juin, de la nuit la plus courte de l'année, les journées sont infinies. Et surtout lorsque c'est au bord de la mer. Sur la mer, vous avez tous les photons qui restent tard, donc s'il fait noir noir à Paris à 22 h 30, six cents kilomètres plus loin, on gagne trois quarts d'heure de lumière. C'est pour ça que la faune s'agite terriblement. Parce que tous les petits oiseaux qu'on voit durant l'hiver, dans le froid, l'humidité, quand il n'y a pas beaucoup de nourriture, ne font que survivre. Et moi j'ai assisté, avec un ravissement complet, à la revitalisation de l'espace aérien. En hiver, on voit passer des goélands, des corbeaux, de temps en temps des buses, mais à cette époque de l'année j'ai vu arriver des hirondelles. Je n'en avais pas vu ici depuis dix ans. Or la rumeur affirme que les petits d'hirondelles retournent là où sont venus les parents. Et là, depuis dix ans, il n'y avait personne. J'ai été étonné, j'ai vu trois couples d'hirondelles. Et ça m'a fait très plaisir parce qu'on pense que les oiseaux migrateurs auraient tendance à disparaître, menacés par la pollution, gênés par ce monde moderne pour lequel ils n'ont pas été faits, et surtout ces énormes transhumances qu'ils sont obligés de parcourir. Et aussi à cause de qu'on appelle le changement climatique, ces oiseaux peuvent se trouver parfois dans des systèmes orageux qui sont très destructeurs pour eux. Donc quand je les ai aperçus, j'ai été heureux. Alors j'ai poursuivi ma promenade en bord de mer ! J'ai observé des buses en train de chasser, en volant en cercle à deux cents et quelques mètres : c'était très beau. Et dans un nid j'ai vu des faucons crécerelles. Le faucon crécerelle est un très joli petit faucon. Il y avait deux petits dans le nid. C'est un animal que j'adore, à peine plus gros qu'un pigeon ramier, un très bel animal, avec un beau plumage, et c'est lui qu'on voit encore dans les champs, à la campagne. Il est immobile, on dit qu'il fait le Saint-Esprit parce que son vol est stationnaire et qu'il forme une croix. J'ai continué ma journée, croisé quelques renards. Il y en avait un, peut-être le plus petit renard que j'aie vu de ma vie, et j'ai cru que c'était un chat. C'était un renardeau qui devait faire la longueur d'une fois et demie ma main et je pense qu'il était condamné à mourir parce que sa mère avait dû être tuée par une voiture. C'était la vraie promenade champêtre et j'étais vraiment content quand tout à coup j'entends le coucou ! Panique complète ! Parce que quand on entend le coucou pour la première fois dans la saison – c'est une tradition qui m'est familière depuis que je suis gosse –, il faut avoir une pièce de monnaie sur soi et on sera riche toute sa vie.

Je tape sur ma poche, ça fait bling, bling… Ouah ! J'avais gagné. Voilà.

La nature me passionne.

L'île de Pitcairn est située dans le Pacifique Sud, à mille milles de Tahiti et à trois cents milles des Gambier. C'est dans cette île que se sont retrouvés les fameux réfugiés du *Bounty* qui ne voulaient pas être repris par la marine anglaise. Et il a quand même fallu dix-huit ans à la marine anglaise pour mettre la main dessus. Le 15 mars 2015, les Anglais ont décidé de créer, autour de Pitcairn et de ses zones maritimes, la plus grande réserve marine au monde, huit cent trente mille kilomètres carrés, soit près de trois fois et demie la superficie du Royaume-Uni. Cela promet d'être intéressant parce que ce site est une zone dans laquelle il y a beaucoup de *seamounts*, des montagnes de mer qui montent très près de la surface. Et c'est un endroit où l'activité maritime est énorme. En faire un sanctuaire est une très bonne idée, parce qu'il y a à peu près mille deux cent quarante espèces marines, végétales et animales, dont certaines sont tout à fait uniques au monde. Si vous souhaitez aller à Pitcairn, vous ne pourrez pas, même avec tout l'argent du monde, y être, à mon avis, avant quinze jours, trois semaines. Il n'y a pas d'aéroport. Pitcairn fait partie de ces endroits du monde où il faut vraiment avoir envie d'aller. Et cette chance se paie. Les gouvernements britanniques et néo-zélandais ont essayé de trouver des volontaires pour venir habiter dans l'île. Un seul s'est présenté, après une campagne qui a duré près d'un an et demi. Actuellement, il y a cinquante-sept habitants.

Pour vivre à Pitcairn, il s'agit d'être doté d'une vraie vie intérieure… Parce que ce n'est pas très gai. Il y a une belle végétation. Il y a soixante ruches. Le miel de Pitcairn, puisque tout le monde parle de pollution, est peut-être le miel le moins pollué du monde, parce que, effectivement, il n'y a rien autour. À Pitcairn, il doit y avoir un quad et deux tracteurs. Les abeilles de Pitcairn sont les plus sauvages du monde. C'est très isolé. Ce n'est pas drôle.

Les habitants sont encore des descendants des mutins, de ceux qui avaient emmené avec eux onze femmes polynésiennes de Tahiti. Les mutins d'origine ont été ramenés et pendus. Les Anglais n'ont pas pendu toute la famille, ils ont laissé les orphelins sur place.

La plupart des gens qui peignent la mer
la peignent du bord.
Le croquis des atterrages, des approches,
voilà notre monde…
Il y a des artistes qui peignent des tableaux :
moi, je peins un sillage blanc sur le bleu des mers.

Le monde a changé, mais la vague, l'océan, la houle restent les mêmes.

J'ai toujours pensé que ma vie ne serait pas trop longue et que je devais profiter impérativement de tout ce qui m'émerveillait dans ce monde. Je pense que le lever du soleil quotidien est une sanctification de notre chance de vivre. Je vis tous les jours en me disant : tout bouge encore, tout marche aujourd'hui, pourvu que ça dure. Prendre la mer, c'était refuser aussi d'assister à cette gabegie du bonheur. On est tellement contraints par le temps, blessés par le temps, mesurés par le temps, en quasi-permanence… Dans les mouvements de la mer, on a l'impression que le temps est un petit peu plus long, un peu plus dense, un peu plus large, il laisse un peu plus de moments, de secondes pour réfléchir, aimer, profiter ou se battre : c'est ça que j'aime dans le monde maritime.

Mon fils Arthur a réalisé un documentaire sur l'histoire de ces gens qui, après avoir eu une vie durant laquelle ils ont su bénéficier d'un certain succès, dans des métiers où « ils ne voient pas ce qu'ils font », comme financier, par exemple – même s'ils ont réussi, il n'y a pas de visualisation… –, ont décidé, à un moment donné, que leur vie n'aura de sens que dans la mesure où ils auront les mains dans le cambouis. Et dans ce film, on en voit un qui apprend la mécanique presque en cachette, en cours du soir, alors qu'il est *broker* ou que sais-je, pour pouvoir avoir un rapport avec la matière et aussi avec le bonheur d'agir au quotidien. À une époque, les gens voulaient vivre un monde réel, donc ils partaient pour élever des chèvres dans le Larzac, et là c'est une autre bascule. Dans notre monde où le virtuel a pris une place considérable, où on vend de l'assurance, où on vend du bonheur, et où on ne voit jamais réellement ce qu'on fait – ce qu'on vend –, je crois que c'est une nécessité de réapprivoiser l'intelligence, de se réapprocher du réel. Et je trouve que les mains sur la matière, les mains dans le cambouis, c'est formidable.

Moi, d'une certaine façon, j'ai toujours eu les mains dans le cambouis. Intellectuellement s'entend (si je puis dire), mais je n'ai pas d'aptitude, je suis un double gaucher. Quand mon équipage me voyait avec un outil, il se précipitait pour me l'arracher des mains. Je suis très frustré de ça. Je suis excessivement maladroit. C'est un peu comme quelqu'un qui adorerait la musique et qui ne saurait pas en jouer. Je suis quelqu'un qui adore la mécanique et qui est maladroit de ses mains.

Je me suis en quelque sorte mis psychologiquement à un métier manuel. C'est pareil. Je m'explique : ma vie, en somme, ne s'est intéressée qu'à ce qui flottait et courait sur l'eau. C'est-à-dire que je n'ai pas voulu vivre dans le virtuel. Or la compétition à voiles, c'est tout sauf virtuel, ce n'est que réel. C'est de la préparation, de la compréhension, de la création et de l'action.

Le triangle des Bermudes a ses mystères ! Je suis à peine à mille deux cents kilomètres de New York, à l'est-sud-est de New York, où il fait cet hiver – 20 °C, et ici, aux Bermudes, la température ne descend jamais en dessous de 18-20 °C. C'est donc, ensemble, un phénomène et météorologique et naturel : il n'y a jamais eu de récif corallien autant au nord dans l'Atlantique. Bref, c'est aux Bermudes que se disputent les entraînements pour la Coupe de l'America en 2017. Et je suis avec l'équipe française. Nous sommes en entraînement et en régate depuis deux jours. Mais le choix des Bermudes n'est pas très intelligent parce que, à cause des masses thermiques qu'il y a autour de nous, entre l'eau très froide qui descend du nord et l'eau très chaude qui monte du sud, on a beaucoup plus de systèmes orageux, et en fait pas de vent. Et aujourd'hui les régates ont été annulées parce qu'il n'y avait pas de vent – il ne s'est déroulé qu'une petite régate, juste une démonstration qui a duré deux heures, que les Français ont gagné haut la main, ce qui nous a fait plaisir. Mais ce n'est pas le yachting qu'on attend, parce que la Coupe de l'America va se courir avec des catamarans qui mesurent cinquante pieds – quinze mètres – de long, ce sont des engins qui sont sur foils, qui sortent complètement de l'eau. Ce sont donc les premiers bateaux qui réellement volent, et qui atteignent des vitesses de quatre-vingts kilomètres à l'heure. Ce qui donne à la Coupe de l'America – qui était jusqu'ici une compétition assez paisible, avec des grands monocoques, qui arrivaient à douze, quatorze kilomètres à l'heure à la bouée, pas plus (il fallait manœuvrer en vitesse, mais pas dans la brutalité) – un certain « relief ». Là, sur les bateaux de cinquante pieds, l'équipage est obligé d'être casqué, et un système de survie est prévu au cas où il tomberait à l'eau. On a évolué vers un vrai yachting, un yachting que moi j'adore, violent, très physique, très rapide, très moderne, tout à fait exceptionnel, un yachting qui n'existait pas il y a encore dix ans. Et les ingénieurs des différentes équipes, aussi bien anglaises qu'américaines, françaises, australiennes ou néo-zélandaises, ont réussi à faire des bateaux qui volent sur l'eau. Ça donne à la régate une dimension d'une beauté et d'une violence que vous ne pouvez pas imaginer.

J'ai couru pour rester un petit garçon
qui joue avec son bateau.
Et dans les histoires d'enfants,
la mort n'a pas sa place.
Ou alors elle est faite pour rire.
On fait « pan-pan » ! Et hop, on se relève.

Je me trouve entre Huahine, Bora-Bora et Raiatea : ce sont des îles qui sont situées à environ deux cents kilomètres de Tahiti, et c'est là que se prépare l'Hawaiki-Nui. L'Hawaiki est une île mythique de Polynésie et *nui* veut dire grand. L'Hawaiki-Nui est une course de pirogues, ici, en Polynésie, et elle prend une importance que vous n'imaginez pas. Ça me rappelle le Tour de France de l'après-guerre, quand il n'y avait rien d'autre à faire que de regarder passer les cyclistes. Par contre, ici c'est une passion : il y a cent vingt bateaux, sept cents rameurs au minimum, plus les suppléants, au total donc plus de mille rameurs, tous d'un excellent niveau athlétique.

Il y a des équipes professionnelles sur place, sponsorisées par l'électricité locale, les pétroliers ou autres, et il y a aussi tous les gens des districts, des villages, qui ont leurs équipes, des bénévoles. Ce sont des écuries qui n'ont pas beaucoup d'argent, elles ont juste les moyens de venir, d'armer un bateau, une pirogue de six coureurs, et de suivre. Mais il y a une telle ferveur populaire, et un tel niveau aussi… Le parcours fait quarante kilomètres en haute mer. Et la haute mer en Polynésie, entre les îles, avec du vent, ça fait des creux d'un mètre cinquante à deux mètres cinquante. Il faut voir ces pirogues au surf, c'est très impressionnant. Tout ce qui est jeune, fort, envieux, désireux de bien faire et qui se sent polynésien court. C'est ça qui est génial.

TNTV, la télévision tahitienne, va transmettre en direct. Mais ce qui est marrant, c'est la population qui suit sur bateaux. C'est une transhumance de quatre mille personnes dans des petits bateaux qui suivent la course, avec discipline d'ailleurs, pour aller d'une île à l'autre. Et comme ça se fait en période de vacances de la Toussaint, parce qu'à ce moment-là les écoles sont fermées, ça permet à tout le monde d'installer des dortoirs dans les écoles pour les étapes. C'est simple, ce n'est pas une débauche d'argent, c'est une débauche d'enthousiasme, de gaieté et de bonne volonté, de santé physique. Ces courses durent quatre heures. Sur quarante kilomètres, ça fait douze ou quinze mille coups de rame : il faut une force physique extraordinaire ! Je n'avais pas envie d'y aller cette année, et j'ai vu les gars à l'entraînement. Je me suis dit : c'est trop bien, je vais revoir ça encore.

La Polynésie n'est pas au bord de l'eau,
elle est dans l'eau.
Cela fait une sacrée différence.
C'est une tête d'épingle,
plutôt cent huit têtes d'épingle dans l'eau, sur une carte.
Tout à coup, au détour d'une vague,
on aperçoit ce monde qui, selon moi,
a gardé tous les enchantements.
Je veux dire que cela ne s'est pas usé.

Je suis retourné il y a peu à Rio. Je n'y étais pas allé depuis six ou sept ans, et pour moi la baie de Rio est un *must*. J'adorais me promener le long de la côte. J'ai donc recommencé. Quel ne fut pas mon étonnement ! J'ai longé cinquante kilomètres de tours qui font entre dix-huit et vingt-deux étages, les unes à côté des autres. C'est une architecture catastrophique ! C'est un attentat à la planète. Je ne suis pas un écolo larmoyant, il faut tout sauver, mais là, quand même… Cette côte était tellement belle, la voir massacrée comme ça, c'est hyper impressionnant.

Il faut dire aussi que j'ai l'impression qu'il y a au Brésil un désir de protection mais qui n'est pas accompagné d'une législation sévère comme en France. Par exemple, le palais du gouverneur, à l'intérieur du vieux Rio, n'est pas un chef-d'œuvre, mais ça a une gueule, il ressemble à une jolie caserne portugaise, avec des jolies pentes de toits, des beaux dessins de fenêtres et de façades. Et c'est quand même de là qu'est partie l'indépendance du Brésil. C'est là qu'un homme a dit non et a proclamé que le Brésil ne serait plus colonie du Portugal. Eh bien, à cinquante mètres derrière, se dresse une tour qui fait à peu près la moitié de la taille de la tour Montparnasse. Et ça, c'est hyper choquant.

C'est comme si on avait construit à Paris, sur la place devant Notre-Dame, une tour de cent quatre-vingts mètres. Je me suis dit que les Français sont peut-être souvent grincheux, mais dans la façon dont en France on protège ce qui a existé, on dispose d'un urbanisme sûr. Il y a chez nous une réflexion et un désir de conserver des bâtiments qui appartiennent à notre histoire et à notre pays. Pour une fois, cocorico !

J'aime bien quand les gens ont la naïveté de leurs rêves et de leurs émotions. En Polynésie, comme dans les îles, où les gens sont un peu loin des obligations du monde tel qu'il est présenté aujourd'hui, les gens ont encore cette spontanéité, cette simplicité, et ils sont (je dis bien « sont ») toujours de belles histoires. C'est ainsi que je les perçois.

Je pense parfois à ce monde marin sur lequel je circule depuis des années, et j'ai une conscience aiguë de notre grande ignorance de la diversité de la faune maritime : on pêche des thons, plein de poissons, mais on sait très peu de choses de leurs mœurs. En Afrique, où que l'on soit, on arrive à déterminer si des éléphants sont passés, on peut retrouver des restes, reconstituer les combats, il y a des traces…

Mais en mer, nulle trace, ainsi que je l'ai déjà dit. De temps en temps, on voit un cadavre flotter, pas très longtemps. Ces derniers mois, en Polynésie, on a vu une espèce de gros béluga. Il y en a assez peu dans la région mais il y en a quand même quelques-uns, et on le voyait en surface flotter, gonflé par le soleil, avec plein d'oiseaux autour qui commençaient à le dévorer. Mais on sait peu de choses. Je me rappelle avoir vu sur des récifs des cétacés de grande taille. Alors est-ce qu'ils sont arrivés sur le récif et est-ce le fait de s'échouer qui les a tués, ou est-ce que c'est parce qu'ils étaient morts qu'ils sont arrivés sur le récif ? De plus, il est dangereux de s'approcher d'un cétacé de grande taille échoué quelque part au soleil. Parce que, s'il est mort, la température de son corps est en train de monter de façon colossale et il y a un vrai risque d'explosion.

Quand je dis explosion, il s'agit bien d'une explosion. Il a beau avoir une peau et une épaisseur de graisse de vingt centimètres sur l'ensemble du corps, il y a une telle surchauffe de ses systèmes digestifs, avec de surcroît la surchauffe bactérienne… cet animal, habituellement réfrigéré par l'eau, quand il est échoué quelque part, ne l'est plus depuis tant d'heures ou tant de jours que le risque est réel. Or l'explosion d'un cétacé, c'est monstrueux. C'est un animal de quarante ou cinquante tonnes, et si vous êtes à sept ou huit mètres de lui, vous pouvez recevoir l'équivalent de trente ou quarante, voire cinquante kilos de viscères.

Bref, on constate la mort, on n'en connaît pas toujours les causes, c'est difficile d'en faire l'autopsie. À terre, on sait à peu près. On arrive à avoir des morceaux de chair, des morceaux d'os, qui permettent de lancer des analyses, de voir des carences, ce qui s'est passé. En mer, on ne sait rien. De temps en temps, on retrouve quelque part échouée l'ossature d'une baleine, et c'est tout. Notre ignorance de la faune maritime est colossale.

L'hiver en ville n'a pas de sens. L'hiver à la campagne, l'hiver à la montagne, le gel sur l'herbe, le gel sur les rivières, ça donne des lumières, ça donne des instants, ça donne des moments… Dans une ville terne et grise comme Paris, il n'y a rien qui réchauffe l'hiver… C'est monstrueux… Je n'aime pas cette lumière, et ce que j'aurai le plus fait dans ma vie, c'est chasser les lumières. Je n'arrive à prendre aucun bonheur sous cette espèce de cercle d'étain, cette cocotte-minute qui nous enferme et dans laquelle il n'y a pas d'élégance, pas de vibrations, il n'y a rien, c'est l'hiver terne et sale. L'hiver fait sale à Paris. C'est ce qui est terrible.

Je voudrais vivre en permanence dans le printemps et dans l'été. Et c'est vrai que dans l'hémisphère Sud, en ce moment, c'est le début de l'été. Tout a une signification. Si je me souviens bien, dans la baie de Sydney aujourd'hui, à l'heure où j'écris ces lignes, le jour se lève, il est 4 heures du matin, on entend tous les rossignols qui chantent dans les arbres et dans les grands parcs qui bordent l'entrée de cette baie. Ça, ça a du sens. À Paris, on n'entend rien. Si on tend un peu l'oreille tôt le matin, je me suis toujours levé très tôt, on n'entend que quelques très timides chants d'hiver des oiseaux. Ce sont des chants sans dynamisme, juste des chants qui indiquent que les animaux sont là, mais c'est trois notes, il n'y a pas d'envolée, il n'y a rien, l'hiver gèle tout… Quand l'hiver gèle tout, quand l'hiver bloque tout, c'est bien si c'est blanc et nacré. Immaculé. Impollu. Mais quand l'hiver se contente juste de donner du gris…

Naviguer, c'est frôler sans cesse
le corps onctueux d'une femme
qui, dès lors, est interminable.
La mer lamée de mauve,
c'est sa peau lascive où la coque s'introduit.
C'est d'un érotisme subtil, onirique, étrange, secret.

Mai 2015 à Tahiti. Je survis en Polynésie, dans un monde hostile et sublime. Cette nuit, j'ai passé beaucoup de temps à regarder l'éclipse de Lune, qui est un phénomène qu'on a assez rarement l'occasion d'observer aussi bien. En Polynésie, vu la latitude, la Lune est claire, vraiment. Ce n'est pas un astre qui luit dans un ciel noir. C'est un astre qui est éclairé mais qui transmet une vraie lumière. La nuit dernière, on avait une lumière incroyable : il était possible de lire dehors comme ça, lire un bouquin uniquement avec la lumière de la Lune. Et cette éclipse de Lune est un phénomène assez rare, assez impressionnant, parce que ce n'est pas seulement vu d'en bas comme un satellite qui va dissimuler un élément, c'est un vrai changement de lumière. J'ai assisté à une vraie éclipse de Soleil, et là j'ai assisté à une vraie éclipse de Lune. Brutalement, la lumière de la Lune, qui est forte, dense, qui éclaire vraiment, disparaît, se trouve mangée par l'ombre de la Terre. Et c'est très impressionnant de voir cette nuit bleutée…

J'ai été soudain surpris que tout prenne une teinte très rouge. Un halo rouge qui surgit. Comme la Terre est 2,6 fois plus grosse que la Lune, le halo de lumière reste quand même un peu… C'est un formidable spectacle. Heureusement qu'on sait par avance ce que ça peut être. Moi, quand j'ai regardé, je savais ce qui allait se passer, mais je comprends que ça ait créé, à une certaine époque, chez nos ancêtres à nous tous, des craintes incroyables.

J'ai aimé la mer d'abord. Les bateaux ensuite. Comme ça allait ensemble, j'ai fait le nécessaire pour…

J'ai été élevé avec plein de sel dans le sang. J'ai vécu avec la mer relativement à proximité en dehors de périodes de collège. Et comme c'étaient les seules bonnes périodes et que les périodes de collège étaient infectes, j'ai pris des habitudes de liberté.

Je n'ai jamais eu la chance d'envisager le fait d'étudier sous le jour de la liberté, je ne l'ai jamais vu sous cet angle-là, ah non. Au contraire, c'est le point de référence. Si tout va mal, ça ne pourra jamais être pire qu'au collège, donc c'est fantastique d'avoir déjà fait tout le plus dur de la route. J'y suis resté tard, puisque je n'étais pas brillant… jusqu'à 20 ans, presque. Le bac philo, un peu de droit, le tout dans une médiocrité totale. Les choses étaient à portée de la main, en Bretagne d'abord, à La Trinité-sur-Mer ensuite, il y avait toujours l'eau et les bateaux, donc ça me paraît naturel, au sens où je ne vois pas ce que j'aurais pu faire d'autre. Faire autre chose, dans le domaine de l'imagination, non. Et quand j'ai eu l'âge des décisions, j'ai décidé de ne rien faire d'autre. Ce côté sauvage de l'eau, c'est ce qui m'a attiré. Et puis quand on voit le monde tel qu'il était quand j'étais petit, c'était encore sauvage, la Bretagne.

Maintenant ce n'est plus sauvage, mais la mer, elle, reste sauvage, toujours. Je n'ai rien contre ce qui est civilisé, mais je n'ai pas le cœur qui bat pour. Je trouve qu'on enlaidit en permanence en construisant, et c'est dommage. Je ne sais pas si je suis fait pour les grands espaces, mais j'aime bien. Pour les grands espaces, on a toujours le cœur qui bat. Si on va dans le Grand Sud à la voile, quand le soleil se lève sur le début du monde (puisqu'il s'agit de cela), on a l'impression d'un tel isolement qu'on vole un peu d'éternité. C'est fantastique d'appartenir – parce que c'est le matin – à la jeunesse du monde. On est le premier homme, c'est pas mal, c'est un joli voyage. Je trouve que ça se tient. C'est pour cela que la mer est formidable. D'autres gens ont peut-être trouvé leur petit matin d'une autre façon, l'essentiel, c'est de l'avoir. À l'aube, il y a les grands élans d'enthousiasme de la journée qui commence. Ça ressemble un peu aux pulsions de l'enfance, on retrouve l'étonnement du printemps, on le retrouve tout d'un coup sur mer, là, il y a pourtant moins d'odeur, il y a pourtant moins de symptômes, mais il y a des couleurs, un miracle en fait. C'est un privilège fantastique. C'est grossier de ne pas profiter du temps, de chaque petite minute. Et puis il y a toujours la pensée du temps limite, pour combien de temps encore ? Savoir que le temps va être réduit. Le temps n'est pas illimité. Donc, tant que c'est là, il faut prendre.

Les Tuamotu commencent au nord-est de Tahiti, s'étendent jusqu'à deux mille kilomètres au nord des Gambier. Ce sont des atolls. C'est-à-dire que, jadis, c'étaient des îles hautes, auxquelles s'est accroché tout ce qui fait le récif d'aujourd'hui, le corail. Comme ces îles se sont enfoncées, elles ont disparu en plusieurs millions d'années, il ne reste plus que l'anneau de corail qui s'était installé sur elles lorsqu'elles ont surgi de la mer, parce qu'elles sont d'origine volcanique. Et sur cet anneau de sable, le temps a fait qu'il y ait une sorte d'île, laquelle mesure parfois cent mètres de large, parfois deux cents mètres. Mais ça peut faire deux cents mètres de large sur quarante-cinq kilomètres de pourtour. J'adore.

Géographiquement, les Tuamotu sont isolées dans le plus gros océan du monde. Des bordures de corail et de sable avec des cocotiers et, au milieu, de l'eau… Ces îles sont comme des bateaux immobiles au milieu du plus grand océan du monde (je le répète car il faut avoir ces dimensions en tête) ! Parfois, le plus haut point de vue de l'île au-dessus de la mer ne dépasse pas deux mètres. On a tellement l'impression d'être embarqué dans toute la magie de ce grand océan Pacifique… La lumière y est merveilleuse, unique… Cette lumière blanche de la mer qui brise sur le récif sur des kilomètres avec le bleu ciel du lagon : voilà des couleurs qu'on ne voit nulle part ailleurs ! Un ensoleillement énorme, presque brutal, presque hostile, et en même temps tendre et tellement beau, tellement beau !

Les Tuamotu sont habitées mais peu peuplées. Donc ça laisse de la place, on respire, on n'est pas les uns sur les autres. Ces îliens sont des gens tellement isolés du reste du monde culturellement, et depuis si longtemps, qu'il leur est resté quelque chose que j'adore, ce sentiment de responsabilité qui fait qu'ils n'attendent rien de personne. L'îlien est quelqu'un qui sait que, quoi qu'il arrive, c'est lui qui devra résoudre ses problèmes, on ne viendra pas l'aider. Et je trouve que ça donne des gens dégourdis (des morphologies mentales touchantes), capables de bricoler n'importe quel bateau quand il le faut. J'aime bien ces populations maritimes.

Vivre ici demande un goût particulier, le goût de l'isolement, le goût de la mer lointaine… Pour bien vivre, il faut être capable d'y survivre soi-même en solitude.

Mon rapport à la mer est passionnel.
Il peut être violent.

Le monde de la mer exclut tout le reste.
Les souvenirs de terre restent à quai.

Me voici au large de Cabo Frio, à la latitude de Rio. Je suis en train de regarder, avec les membres d'une société qui est chargée de réaliser des études privées sur l'ensemble des courants dans le monde, un courant qui descend de l'équateur, donc qui devrait être chaud, et qui en fait est froid. Parce que ce courant descend de l'équateur mais vient buter sur des morceaux de montagnes qui sont au fond de l'océan et font remonter à la surface une mer froide. Mais quand je dis froide, c'est une mer qui est à 3, 4, parfois 5 °C en dessous de la température à laquelle elle devrait être vu la latitude à laquelle elle se trouve.

Décidément, la mer arrive sans cesse à me surprendre. D'abord parce que c'est un monde infini. Et puis, surtout, les moyens techniques dont on dispose aujourd'hui – sondage, mesures de profondeur, courant et température – permettent de découvrir des choses de plus en plus étonnantes, de plus en plus insensées.

Depuis quelque temps, l'équipe que j'ai rejointe a réussi à ramasser des crabes de profondeur, qui vivent à six cents mètres, et sur lesquels on ne savait presque rien il y a encore trois, quatre, cinq ans ; et là, on découvre une faune dont on ignorait tout, que l'on peut manger et qui est délicieuse, en plus. C'est-à-dire qu'il y a dans le fond de l'océan de quoi nous étonner, à mon avis, encore pour longtemps.

J'aimerais bien descendre à onze mille mètres de fond dans les grandes fosses de la Sonde. Parce que cet océan a été toute ma vie et, je crois, la source de tous mes bonheurs et de mes étonnements.

Qu'on le veuille ou non, on est obligé aujourd'hui, en fonction de l'évolution du monde dans lequel nous vivons, d'aller chercher partout ce qui va nous permettre de mieux vivre, de mieux comprendre le monde dans lequel on est, et éventuellement aussi – je n'aime pas obligatoirement le terme, parce qu'il peut être source de conflits ou d'inquiétude – de mieux l'exploiter.

Le visage d'un homme
qui revient de la mer
est plus beau, plus humble.

Si, par exemple, demain matin
il n'y avait plus de mer du tout,
si on avait supprimé la mer,
eh bien je ne serais pas à l'aise.
Pour tous les gens qui comme moi aiment la mer,
ce monde aura été source d'émotion,
de réflexion, d'attachement, de rêve…

La ville de Brest organise tous les quatre ans depuis plus d'une vingtaine d'années une manifestation qui a un gros, un énorme écho dans le monde. Son nom ? Tonnerre de Brest ! Il y a à peu près deux mille bateaux différents réunis dans la rade, cent nationalités différentes de marins, cinq cents journalistes accrédités… Pour ce qui est des embarcations, ça peut aller du plus gros brise-glace russe, atomique – c'est une grosse, grosse machine moderne, très étonnante, très impressionnante –, jusqu'à des répliques de petits canots bretons de 1814…

Je suis le parrain de l'événement, et je le suis depuis plusieurs années. On essaie de régler en amont tous les problèmes : les invités, qui doit venir, qui ne va pas venir, une sorte de sélection… C'est un travail collectif dans lequel j'ai la chance de jouer un rôle plus que consultatif, parce que par exemple, sur l'ensemble de l'organisation de la gestion de l'accueil des deux mille bateaux dans l'infrastructure portuaire, c'est mon second, Didier Ragot, qui a navigué avec moi pendant trente ans, qui s'en occupe. C'est-à-dire qu'on est une équipe maritime qui connaît très bien le sujet, on a de bons rapports avec les capitaines des navires qui viennent, sur le plan international, parce qu'ils nous connaissent. Ça a permis d'éviter plein de conflits, de « mettre de l'huile un peu partout » et surtout de créer une ambiance qui, maritimement parlant, est complètement géniale. Si vous vous intéressez à la mer, que vous voulez avoir une idée de ce qu'est le monde de la mer, le monde de la voile, de la pêche et de la navigation, il faut venir à Brest. Parce que, en plus, les bateaux naviguent. Ils ne restent pas à quai toute la journée, ce n'est pas un musée, ce n'est pas mort comme dans un musée : c'est un musée flottant, dynamique, où vous pouvez avoir sur la rade de Brest, en même temps, quelque six à huit cents voiliers en train de naviguer. Le spectacle est assuré. Il se déroule sur l'eau. C'est magistral.

Chaque année, je suis ému de retrouver des petits cotres bretons que j'ai connus quand j'étais enfant, dans l'après-guerre, vers 1949, qui pour moi représentaient à l'époque le bateau au summum. Et quand je les vois encore aujourd'hui, ça me fait battre le cœur. Tout m'intéresse.

Je peux parler de Tonnerre de Brest avec beaucoup d'enthousiasme parce que je pense qu'il n'y a pas d'équivalent ailleurs dans le monde. Il y a des événements de grands voiliers dans le monde, qui sont des événements formidables, comme Rouen, avec des grands voiliers qui remontent la Seine, ça a vraiment de la gueule, ce sont de vraies belles fêtes. Mais un endroit où les bateaux sont autant exposés et qui naviguent autant, il n'y a qu'à Brest. Et j'en suis fier.

Je voyage. C'est extraordinaire de pouvoir bouger dans ce monde que j'aime et que je trouve sublime. Je suis aujourd'hui à Paris et je veux parler de quelque chose qui est souvent romantique, qui a de la gueule, qui est beau, qui apparaît tous les vingt-huit jours : c'est la pleine lune. La pleine lune pour l'ensemble du monde… Quand on est sur les océans, elle donne une coloration particulière, les quarts de nuit ont une autre dimension, la lune fait briller le sommet des vagues, c'est parfois tendre, mais en même temps un peu métallique, avec plein de reflets. C'est très doux et c'est très beau, c'est très fort. Ça donne tout à coup au théâtre maritime qui nous entoure quelque chose de construit. Et là, cette nuit, j'ai erré dans Paris pour voir la lune dans la ville. Depuis la ville. Et le problème est que, comme c'est la Ville Lumière, on est toujours ébloui. Si on va sur les hauteurs de Montmartre, on voit un peu ce que fait la lune sur Paris : c'est très joli parce que tous ces toits en zinc, que la lune vient caresser, ça donne une lumière voluptueuse, magnifique, un peu comme les nuits américaines qu'on voyait dans la deuxième moitié des années 1950 et dans les années 1960, avec une chose romantique pourtant artificielle. Mais c'est un artificiel charmant. Quand on la voit se promener au-dessus de l'École militaire, ou frôler la tour Eiffel – ça dépend à quel endroit on se place… Et sur les quais, c'est sublime.

La pleine lune ne m'empêche pas de dormir. On vit dans ce monde, et moi j'ai toujours essayé de faire partager tout ce qu'il pouvait nous offrir naturellement. Par exemple, un lever de soleil c'est magnifique, mais les gens parlent toujours de couchers de soleil alors que combien ont vu des levers ? C'est tellement beau un lever, aussi. Et pour la lune, c'est tellement beau qu'une fois tous les vingt-huit jours, s'il n'y a pas trop de nuages sur Paris, vous regardez les tours de Notre-Dame éclairées par cet astre magique et ça donne aux gargouilles une force incroyable… La lune c'est fort ! C'est elle qui crée les marées. Et par exemple, à Saint-Malo, la marée va faire quatorze mètres de dénivellation, par la simple action de la lune. Ces phénomènes me captivent. Ça appartient à notre monde. Il faut regarder la lune de temps en temps parce que, elle, elle nous regarde…

Sans bateau, je me considère comme un infirme.

C'est l'automne, les hirondelles se font la belle. Elles partent quand vient cette saison. Je suis à Paris et j'ai remarqué à quel point déjà les feuilles des marronniers étaient devenues rousses. C'est vrai que c'est l'arbre qui roussit le premier. Très souvent le marronnier a quinze jours d'avance sur l'ensemble de ce qui se passe. Il est vert à Paris trois semaines avant Brest. Et là, il est déjà marron. Je n'aime pas trop l'automne, ça me rappelle la rentrée des classes. Bientôt, les hirondelles seront alignées sur les fils… Dans quinze jours, trois semaines. Déjà, les martinets noirs, qui ressemblent aux hirondelles mais avec un cri plus pointu, très aigu, de chasse se préparent à partir. Pendant les deux ou trois premières années de sa vie, le martinet noir ne se pose pas, il dort en l'air, tout le temps. Quand j'étais enfant, je regardais partir les hirondelles le cœur déchiré, parce que c'était la rentrée des classes. Et je les imaginais… Je rentrais en internat dans les collèges et, quand je les voyais se regrouper sur les fils, j'étais d'une tristesse infinie. J'étais interne à 10 ans, je les voyais partir et je me disais qu'elles allaient conquérir l'été, elles allaient vers le sud, elles allaient faire des milliers de kilomètres jusqu'en Afrique, en Afrique du Sud même, pour celles qui vont le plus loin, et nous, on allait voir la fin des vacances.

Et c'est vrai que quand je reviens en Europe au moment du printemps et que j'en vois une volée, j'ai le cœur qui bondit de joie. J'adore ce voyage des oiseaux. On dit qu'une hirondelle n'annonce pas le printemps, mais ça annonce quand même la fin de l'année scolaire, et il n'y a pas besoin d'avoir fait Polytechnique pour le savoir – c'est à cause de ça que j'adore cet animal.

La vue d'une feuille de marronnier jaunie par l'automne fait écho et correspondance à ma vie d'élève, de jeune homme.

Regardez bien les hirondelles. Juste du coin de la main, faites-leur un petit coucou : comme ça on est sûr qu'elles vont revenir.

Tabarly était un vrai patron, c'est-à-dire un homme qui doit structurer les hommes qui vont prendre sa suite. Éric a été un exemple pour nous. Il a complètement bouleversé la construction navale. Il y a eu en France un homme, au XXe siècle, qui a compris ce qu'était un bateau de course et qui a inventé le multicoque de course, la goélette de course, les bateaux à ballast, les mâts-ailes, les mâts tournants. Ce sont des inventions qui ont presque quarante ans et qui sont seulement au point dans les compétitions d'aujourd'hui. Il avait une capacité à voir, à comprendre, une capacité de synthèse, une vraie intelligence de la mer.

Tabarly a passé sa vie à restaurer le premier *Pen Duick* que lui avait laissé son père. L'histoire est hallucinante. Éric s'engage dans la marine, prend l'aviation parce que c'est mieux payé, l'aéronavale : tout ça pour avoir suffisamment d'argent pour sauver le *Pen Duick*. Il fait une carrière éblouissante, tous ses bateaux s'appellent *Pen Duick*, et à la fin de sa carrière, alors qu'il a décroché de la compétition, il ramène le *Pen Duick* au chantier initial où ce bateau a été construit et meurt en mer pendant le trajet. C'est une histoire incroyable.

Octobre 2015. En Polynésie, il y a à peu près un mois, une alerte cyclone a été déclenchée par le Haut-Commissariat pour confirmer que le risque sur la zone était le plus fort depuis une quinzaine d'années. Les tempêtes tropicales peuvent ici être très violentes mais, surtout, elles poussent de l'eau devant elle, comme un navire avec son étrave. Le niveau de la mer monte de dix à quinze centimètres, et une houle monstrueuse envahit les atolls et les recouvre. Dans le temps, les gens ici n'avaient pas d'autre solution que de monter aux cocotiers et d'attendre que la tempête passe. Et à Tahiti, aujourd'hui, on ne trouve plus un morceau de cordage, un boulon ou un anneau de renfort, car, comme on peut l'imaginer, chacun est en train de s'équiper en prévision de « cette pas très hypothétique tempête ». D'autant que l'ouragan Patricia est arrivé sur les côtes pacifiques du Mexique : moins de dégâts que prévu mais les vents sont extrêmement violents. Il s'agit aussi de prendre en compte cette conjugaison. Surtout quand on voit la surchauffe qu'il y a eu dans l'hémisphère Nord, on se dit qu'elle peut arriver aussi vite dans l'hémisphère Sud. Parce que ici on est au printemps, et ça crée à juste titre une certaine psychose.

Une certaine psychose, oui, parce que les cyclones ne sont pas si fréquents en Polynésie et cette année le phénomène est tel que les autorités ont lancé l'alerte il y a un mois, et je pense qu'elles ont eu raison, parce que quand on regarde les cartes et qu'on voit ce qui va se passer au nord de l'équateur, au large du Mexique... Ici, nous sommes au sud de l'équateur à 20°, et 1° représente environ cent dix kilomètres (entre 110,6 et 111,7) : on est à deux mille et quelques kilomètres au sud de l'équateur. Et rien que sur le vol que j'ai fait avant-hier pour venir en Polynésie, l'avion a été obligé de modifier sa route, initialement un vol direct de Los Angeles à Tahiti. Nous avons effectué un détour de deux heures supplémentaires en passant presque au-dessus d'Hawaï, pour éviter la zone de cyclone et redescendre sur la Polynésie.

Dans les atolls, il y a depuis quelques années des abris dans lesquels les gens peuvent se réfugier : ce sont des abris bétonnés, des sortes de blockhaus sur pilotis, qui permettent à l'ensemble de la population de l'atoll de se mettre à l'abri en cas de très violent cyclone. Mais quand on est obligé d'aller aux abris, ce n'est pas bon signe.

Je suis au centre du plus grand océan du monde et je dois avouer que le spectacle que j'ai sous les yeux est à couper le souffle. Je suis en mer, en route, à partir du sud des îles hawaïennes, vers le nord des îles polynésiennes, vers les Marquises. Là où je suis, si on va vers le nord, on a pour ainsi dire un demi-tour du monde avant les îles Aléoutiennes et après, la calotte glacière. Et si on regarde vers le sud c'est à peu près la même chose, on traverse les Marquises, on survole l'île de Tahiti, donc ce sont des tout petits points dans l'immensité océane et on est au pôle Sud. Il n'y a pas de continent, pas de montagne, il n'y a rien qui nous arrête. On est au centre du plus grand océan du monde, et on est au centre aussi de l'histoire de l'homme, de l'histoire de notre civilisation, parce que notre Terre n'est qu'océans, les deux tiers de la surface de la Terre sont des océans, et être au centre de tout a un côté sublime. J'adore.

Moi, je suis très sensible à cette espèce d'enchantement que peuvent provoquer ces océans. J'ai passé ma vie à naviguer, quarante ans de compétitions, de records sur toute la planète, et j'ai sillonné le Pacifique dans tous les sens. Et pour moi, c'est toujours un bonheur parce que c'est la partie la plus maritime de l'ensemble du monde. Donc c'est l'immensité de la mer, l'immensité de la mer et encore l'immensité de la mer. Et puis il y a la compagnie des animaux, des oiseaux, des poissons. Au moment où je griffonne ces mots, nous sommes dans une zone où il y a pas mal de baleines. Mais on va aussi traverser une zone hostile, un grand désert maritime. Et puis quand on approchera des montagnes qui sont au fond de la mer et des hauts-fonds, près des Marquises, on retrouvera une faune vivante absolument étonnante. Il y a un banc de sable sur lequel je suis allé, ça s'appelle Motu One, qui est au nord des Marquises, on va passer à côté dans trois ou quatre jours, et c'est un endroit où j'ai vu des tortues énormes, des tortues qui font presque un mètre quatre-vingts de longueur, et c'est très sauvage. C'est un petit morceau du monde avant l'homme, en fait. C'est le monde avant que l'homme, peut-être à cause de notre nombre et de notre présence, abîme tout : souvent sans le vouloir, on abîme à cause de notre nombre. Et là, on a l'impression d'être dans des mers encore vierges. Et ça a un côté très touchant, très bouleversant, parce que ça me rappelle le premier homme que j'ai été, puisque je suis le descendant de ces premiers hommes, comme nous tous.

En mer, souvent, si on a l'âme noire, on est écrasé,
mais si on a la chance d'avoir l'âme pure,
on vit des moments merveilleux
qui nous rapprochent du sublime.
Dans la solitude des mers,
l'imaginaire oscille entre deux extrêmes :
soit il s'endort, soit il s'enflamme.

Arrivée de la transat Jacques Vabre 2015. J'applaudis avec sincérité François Gabart. Je l'avais suivi au Vendée Globe où en monocoque il se battait contre Le Cléac'h, un combat maritime très violent, très dur, très long, terminé par une victoire de Gabart, et une victoire à l'arrachée, parce que toute la course s'était faite à l'arrachée. Et là, je l'ai vu sur un multicoque, avec Bidégorry : Gabart, il réussit quand même à prendre le commandement sur des bateaux aussi affûtés que *Sodebo* avec des équipages aussi bien préparés que celui de Coville, et je me dis que ce garçon a peut-être de la chance, parce qu'il en faut, mais ce n'est pas que de la chance, il doit quand même avoir un énorme talent.

Bon, c'est toujours un peu de la chance aussi. Je dis cela car Gabart avait un bateau neuf. Un bateau, ce sont plusieurs centaines de factures. C'est-à-dire plusieurs centaines de pièces qui viennent de tous les coins de France, d'Europe ou du monde, qui sont assemblées et qui font à la fin qu'une machine est constituée. Et le grand problème de cet assemblage et de cette mise au point, ça a d'abord été le choix, ils ont dû être bons, Gabart et son équipe, et surtout ils ont eu la chance qu'il n'y ait pas un bug quelque part. Parfois, il suffit d'un tout petit bug, dans la drisse de grand-voile…

La drisse de grand-voile, c'est le cordage qui permet de conserver la grand-voile en haut, il suffit que ça se casse ou s'abîme pour perdre la course. Et ce sont des choses qui peuvent arriver quand le bateau n'a pas eu le temps de faire tout ce qu'on appelle son « neuvage », son expérimentation. Donc il y a sûrement une petite chance technique. Il y a aussi une magnifique domination maritime. On ne gagne pas une course comme ça par accident. On la gagne si on n'a pas d'accident. Et là, il n'y a pas eu d'accident.

Le multicoque de Gabart, c'est la descendance directe des Maxi que j'avais, puisque *Sodebo*, le bateau de Coville, a été restructuré autour de la structure de *Géronimo*, le bateau que j'avais construit en l'an 2000. Donc j'ai toujours adoré ça. Il n'y a que ça d'intéressant. Et d'ailleurs c'est formidable, on va les revoir, tous ces Maxi, en solitaire autour du monde au départ de Brest, et ça c'est une aventure. Tout cela me rappelle ce qu'on a fait il y a trente-cinq et quarante ans, Colas, Philippe Monnet et moi, en allant en multicoque autour du monde, à l'époque où il n'y avait ni GPS ni renseignements météo, il n'y avait rien. Il y avait juste le désir d'aller autour du monde avec ces engins-là. Et y aller comme Gabart aujourd'hui avec des bateaux très au point, c'est un véritable amusement. Je ne peux pas cacher que je l'envie un peu, Gabart.

La mer, c'est le dernier endroit
où l'imprévu revêt encore une importance.
Quand on quitte Montparnasse pour aller à Brest,
il y a très peu de chances de rencontrer
des bisons sur les rails.
En mer, on trouve encore des bisons sur les rails.

Je suis allé à l'Ifremer à Tahiti, aujourd'hui, l'Institut français de recherche pour l'exploitation de la mer. Moi, la mer, je la connais bien parce que j'ai passé quarante ans dessus, mais je l'ai fait quarante ans comme on le faisait il y a cinq cents ans, c'est-à-dire à naviguer dessus et ne jamais regarder ou me préoccuper de ce qu'il y avait en dessous. Pour une raison simple, c'est que le métier de coureur exige du respect en surface et il n'est pas nécessaire d'aller dans l'eau. Et là, depuis quelque temps, je m'intéresse davantage à la plongée, à ce qui se passe sous l'eau, et j'ai passé cinq heures passionnantes à l'Ifremer. C'est que je me rends compte de l'importante capacité des chercheurs et de leur désir de comprendre. Il y a de grandes découvertes à faire dans ce monde qu'on connaît très peu. Le monde de la plongée a vraiment commencé avec Cousteau, et après on est allé beaucoup, beaucoup plus loin. Le monde des sondages de l'océan. Quand on regarde les cartes de l'Atlantique, on s'aperçoit que les grandes fosses au large de l'Espagne et tout autour des Açores ont été découvertes par l'arrière-arrière-grand-père de Caroline de Monaco, parce qu'il s'occupait beaucoup des océans et qu'il avait fondé un institut. Mais sinon, personne ne cherchait vraiment. Et c'est passionnant et vertigineux à la fois. Parce qu'on se rend compte qu'on n'a pas beaucoup fouillé, on ne sait pas grand-chose. On a tellement envie de découvrir que c'est enthousiasmant, dans un monde où on a l'impression que tout a été fait, qu'il n'y a plus d'aventure.

Ce qui me fascine, c'est cette diversité qu'on ignore et le fait qu'on ignore encore ce qui peut-être se passe dans ce monde du silence, ces abysses.

Ce que j'ai trouvé fascinant, c'est l'enthousiasme des chercheurs, le désir de se donner les moyens techniques pour comprendre, pour connaître vraiment ce monde.

Je suis près du Conquet (Finistère nord), dans le vent, la mer est levée. Ce vent souffle, je pense qu'on n'est pas loin de soixante, soixante-dix kilomètres à l'heure. Dans la soirée, dans la nuit, on va atteindre cent kilomètres à l'heure. C'est sublime, parce que cet air qui arrive du large est plein de pureté, il n'y a pas un gramme de pollution, parce qu'il a eu le temps d'être nettoyé pendant la traversée de l'Atlantique. Donc c'est extraordinaire, c'est un monde tout de fraîcheur, au sens réel, étymologique du terme, et au sens physique du terme parce qu'il ne fait pas très chaud. Quoique en Bretagne aujourd'hui, en novembre 2015, il fait presque 10 °C, alors qu'à Paris il fait très, très froid.

À Paris, c'est le grand raout autour de la COP 21. En rade de Brest, à Ouessant pour être précis, on fonde beaucoup d'espoir sur l'énergie hydrolienne.

Quand je suis passé à Paris, j'ai vu la ridicule éolienne installée au rond-point des Champs-Élysées et je me demande quel est le génie qui a eu le bon goût de faire ça. Surtout, je pensais en regardant Ouessant que sous la mer, dans les zones de courant, ils ont immergé il y a presque trois semaines maintenant une hydrolienne. Une hydrolienne, c'est une éolienne qui fonctionne avec le courant de l'eau, donc dans le fond de la mer.

Ils l'ont immergée par quatre-vingts mètres de fond, et aujourd'hui elle tourne suffisamment pour produire de l'électricité au quart de la population d'Ouessant... L'hydrolienne, c'est complexe, il faut immerger, il faut tenir dans le fond, il faut avoir des structures parfaitement étanches pour monter l'électricité en surface, parce que l'eau étant conductrice ça risquerait de turbiner. Donc c'est assez compliqué, mais ça a l'air de réussir. Et surtout, il y a une énorme perspective, dans tous les endroits où il y a du courant marin, et Dieu sait s'il y en a au large des côtes françaises... Et je pense qu'il y a plein de points d'énergie dans le monde : je pense aux entrées des passes des atolls en Polynésie, je pense à des tas d'endroits dans le monde où on peut récupérer de l'énergie propre comme ça. Et en plus, c'est une énergie superbe parce que c'est silencieux et ça amènera de l'électricité en surface, et ça ne fera pas comme les éoliennes qu'on voit plantées un peu partout aujourd'hui et qui défigurent et massacrent le paysage. Moi, quand je les vois, je me dis : dans le fond, je préférerais m'éclairer encore à la bougie que d'avoir ça sous les yeux.

Une coque, même pourrie,
même réduite à l'état d'épave,
sent toujours l'aventure.

En route pour la sixième édition de la Nautic SUP Paris Crossing. À Paris, au départ de la Bibliothèque nationale de France, on va avoir une image insolite : cinq cents sportifs du monde entier réunis pour une compétition de paddle. Le paddle ressemble à une planche à voile, mais sans voile, l'homme est debout, il a une grande rame et il pagaie. C'est un sport qui s'est considérablement développé dans le monde entier depuis deux ou trois ans. Et c'est surtout un sport dans lequel les gens ne comprennent pas tout à fait ce qui se passe au niveau des compétitions et des sportifs, parce qu'il y a beaucoup de jeunes de 14, 15 ans qui en font tout le temps, et qui réalisent des performances en termes de rapidité très étonnantes. Ce qui fait que parfois, à l'arrivée des compétitions, on voit de grands spécialistes de surf et de sports aquatiques complètement dépassés par des inconnus de 14 ou 15 ans, qui ont le feu dans les bras. C'est beau, il faut aller voir ça. Il faut aller voir la Seine au lever du jour, au pont Alexandre-III, avec toutes ces silhouettes, cinq cents compétiteurs, hommes, femmes et adolescents traversant Paris, sur leur planche. C'est un spectacle.

La mer varie selon l’éclairage,
l’heure, la position du soleil, les nébulosités,
la force du vent, celle des vagues.
C’est infini.

Je suis en Polynésie, c'est l'aube et j'aime l'aube : le moment où la nuit disparaît, où le soleil n'est pas encore levé, où tout commence à blanchir. Sur la mer, tout à coup, on distingue des couleurs. J'adore ce moment de la nuit. On fusille à l'aube. On décapite à l'aube. La nuit est passée et c'est drôle que souvent le premier geste des hommes ait été de tuer les condamnés à cette heure-là, alors que l'aube est magique : tout est écrit dans l'aube. On sait tout et rien. Il n'y a qu'à regarder les nuages et les premiers rayons de soleil. Il y a d'ailleurs un dicton anglais que j'adore, lorsque le soleil est rouge le matin, c'est : *red sky in the morning, sailor's warning*, « ciel rouge le matin, terreur du marin ». Dicton auquel s'oppose : *red sky at night, sailor's delight*, « ciel rouge le soir, pour le marin l'espoir ». Et c'est valable dans le monde entier. Lorsqu'on pénètre quelque part et qu'on voit le soleil devenir rouge, rouge, rouge au lever du jour, on sait que la journée va être, météorologiquement j'entends, dégueulasse.

Toute ma vie, je me suis levé tôt. Quand j'étais en mer et que je commandais, je demandais toujours à ce qu'on me réveille, même si j'avais peu dormi, pour voir le lever du soleil. Je trouve que c'est un moment extraordinaire de notre vie. C'est d'une beauté incroyable, j'adore ça.

La terre n'est belle que lorsqu'elle est « frangée » par la mer. Le champ de blé qui est agité par les brises marines où se mêlent l'odeur de ce blé qui mûrit et cet air frais, fin, ultraléger, ça c'est d'une grande beauté. Sinon ça sent le gras, le lourd… La terre est grasse, la mer est acide.

J’aime les légendes bretonnes.
L’une d’elles, ancienne et mélancolique,
prétend que les marins périssant en mer
se transformeront en jolis poissons pour l’éternité.
Cette image ne laisse pas de me ravir…

L'*Hermione*, c'est la réplique de la frégate de La Fayette. J'ai vu le début de chantier du bateau, en cale sèche – il y a au moins quinze ans. J'ai trouvé que c'était un beau programme et, qui plus est, intéressant. Et que ce programme ait été mené à bout est formidable. Il n'y a que les Français qui peuvent encore aujourd'hui se permettre d'avoir suffisamment de délire, de folie, d'inconscience ou de magie, peu importe, pour construire un bateau de ce type. C'est inouï. J'adore. En plus, le bateau est très beau. Ça a vraiment de la gueule !

L'*Hermione* a très peu navigué, et en général, pour des bateaux comme celui-ci, et même des bateaux modernes, il y a une période qu'on appelle dans le métier le « neuvage ». C'est-à-dire une période pendant laquelle on voit si cet ensemble de réflexions, d'intelligence, de techniques et de mises au point est bien cohérent, s'il est prêt à affronter le test final de cette opération, qui est quand même la mer et éventuellement le mauvais temps. Et, à ce sujet, je plains un peu le capitaine de l'*Hermione*, parce que je ne pense pas qu'il ait vraiment eu le temps de naviguer pour donner au bateau un réel neuvage, pour avoir la certitude que l'ensemble de ce qui a été réfléchi, conçu et construit, souvent avec énormément de talent, tient le coup. C'est une collectivité d'efforts qui est humainement remarquable, mais ça demande quand même d'affronter la mer. Et je pense qu'en général, dans cette période-là, il ne faut pas trop s'éloigner de l'endroit où ça a été construit. Parfois, il suffit de trois choses pour changer le système et améliorer avant que ça ne se dégrade trop. Et partir en longue croisière comme ça, en ayant peu navigué, c'est assez… audacieux – pour utiliser un euphémisme. Le jeu, au final, consiste à emmener un bateau dont on ne connaît pas toutes les qualités techniques de l'autre côté de l'Atlantique et le ramener. Et s'il y a des pépins, et il y en aura, des petits j'espère, on va être obligé de réparer ou en mer ou en Amérique, de l'autre côté, ce qui est moins souhaitable que de pouvoir faire tous les essais à la maison.

À l'*Hermione*, il ne faut souhaiter que du bon vent. Imaginez tous les gens qui ont travaillé dessus depuis dix-sept ans, c'est quand même stupéfiant ! Il n'y a que les Français capables de mener d'aussi délirantes aventures.

En mer, je retrouve ma langue maternelle :
le silence.

Faisons un rêve. Nous sommes en 2024, les Jeux olympiques ont lieu à Paris. Mais, pour ce qui est des épreuves maritimes, on peut se poser la question du meilleur endroit afin de les recevoir. Il y a plusieurs sites candidats. Quel serait donc le lieu idéal ?

C'est complexe à déterminer car il y a six ou sept spots en France qui peuvent manifestement le réclamer. Mais il faut avoir un site construit, avec des capacités éoliennes – il faut que le vent se lève et soit relativement régulier –, il faut aussi un endroit où l'on puisse recevoir pas mal de spectateurs tout autour, pour que les gens assistent à ces Jeux olympiques. Or, si ça se passe au large, c'est toujours très compliqué. Alors, dans la série, on a : sur la Méditerranée, Marseille. S'il y a une possibilité de spectacle le long des collines, sur le plan des vents ce n'est pas terrible. Il y a Hyères-Toulon : c'est un beau spot, pareil, il y a une possibilité de mettre pas mal de spectateurs autour, mais moins qu'à Marseille, et sur l'infrastructure c'est plus limité, l'aéroport est plus petit, etc. Et puis il y a le même problème éolien dans cette zone-là. Après, quand on remonte vers le nord, sur l'Atlantique, on a La Rochelle. Il y a des conditions éoliennes qui ne sont pas si mal que ça, par contre, sur l'infrastructure technique, c'est compliqué au point de vue de la circulation et de l'organisation. Quant à la visibilité, elle est médiocre : il faut sortir d'un long chenal et aller au large.

Et puis il y a Brest. En tant que marin, c'est selon moi la ville qui correspondrait le mieux : la rade est belle. On peut mettre autour des milliers de spectateurs, et tout le monde peut voir ce qui se passe. On va me reprocher évidemment d'être chauvin… Chauvin, un petit peu, sûrement, mais pas beaucoup… Brestois, complètement. Mais marin d'abord. Sur le plan maritime, je peux affirmer que c'est à Brest que nous aurions la meilleure qualité de régate ! Ceux qui aiment ce sport maritime savent bien que ce serait sans doute à Brest qu'on aurait le meilleur spot.

À Rangiroa, en Polynésie, on fabrique du vin ! Rangiroa est un atoll situé au nord-est de Tahiti, à peu près à une heure de vol. J'ai découvert, du moins j'ai aperçu, au ras du lagon et du côté de la mer aussi, parce que dans un atoll il y a un mètre cinquante à deux mètres de terre au-dessus du niveau de la mer, et après un rideau de cocotiers, qu'il y avait là dix hectares de vignes. C'est très impressionnant.

Là, on s'en doute, on fait du vin mais pas totalement de la même façon qu'en France, on n'adopte pas la même technique. Et pas à la même saison. L'exploit est d'avoir réussi à adapter la vigne à un climat tropical et à un sol corallien, ce qui est tout à fait unique dans l'histoire du vin, et il y a eu neuf vendanges sur les quatre dernières années sur ces vignobles.

Les viticulteurs îliens parviennent à faire cinquante mille bouteilles par an avec dix hectares.

Ils produisent des vins blancs, secs ou moelleux, et des rosés qui ont vraiment leur classe. C'est très étonnant d'avoir réussi à produire en Polynésie. Évidemment, ce ne sont pas les vins de France – mais sans chauvinisme, nulle part au monde on ne trouve l'équivalent des vins de Bourgogne –, mais c'est de très bonne qualité, et ça rivalise plus que facilement avec tous les vins de la planète : australiens, sud-africains, néo-zélandais ou américains. Et ce pari, personne n'osait le relever. Sur les bouteilles, il y a marqué : « Vin de Tahiti », et c'est très étonnant. C'est fabuleux, sur le plan agronomique, d'avoir réussi à monter ça.

La terre,
ce bord noir du monde bleu.

Si je n'avais pas été marin,
j'aurais été marin…

Les phares : je regrette qu'on les ferme. C'est un métier de tradition, depuis que la navigation existe. Maintenant c'est vrai que c'est remplacé par l'électronique, mais le jour où il y a une panne, on est bien content de trouver le phare tenu par un homme. Aux États-Unis, c'est ce qui est arrivé quand ils se sont retrouvés dans du très mauvais temps : l'électronique ne marchait plus. C'est un domaine où l'homme est irremplaçable.

Puis le phare a son histoire quand même... Ce n'est pas n'importe quoi, alors oui je regrette qu'on les ferme... Je ne sais pas si c'est politiquement très intelligent. Il faudra tout de même, un jour, refaire ces bâtiments, ne pas les laisser se délabrer.

Noël 2015.

En Polynésie, à Noël, comme il n'y a pas de sapin, on met des guirlandes sur un cocotier… On regarde le ciel avec toutes les étoiles mais, aujourd'hui, tout ce Noël est à moitié « pourri » par le chikungunya qui a complètement envahi les îles. C'est cette maladie infectieuse transmise par les moustiques. *Chikungunya* veut dire, en langue makundé, qui est un dialecte bantou, « qui marche courbé en avant ». Parce que, en effet, les gens qui ont 18 ans et qui sont atteints ont l'air d'avoir 100 ans tout d'un coup. Ils ont mal partout, mal aux articulations, mal à la tête, mal aux mains, mal au dos, mal dans tout le corps, et ils ont du mal à marcher… Ça peut être très douloureux, avec des montées de fièvre qui vont jusqu'à 40 °C.

Jusqu'à présent, on a recensé cinquante mille cas sur une population de cent soixante-dix mille à Tahiti. Il y a sans doute plus de malades que les chiffres ne le disent car, ici, les gens ne vont pas chez le médecin, ils vont à la pharmacie, ils prennent de l'aspirine ou un autre produit parce qu'il n'y a rien pour soigner directement le chikungunya.

Les jeunes peuvent souffrir et puis ça passe au bout de trois jours ; pour les plus âgés, la situation est délicate, parce que les articulations sont fragilisées chez les gens d'un certain âge et comme ça s'attaque essentiellement aux articulations… C'est horrible.

Il reste que l'ambiance, à l'approche des fêtes, n'est pas sinistre parce que le caractère polynésien est naturellement gai, ce qui est une preuve de grande intelligence. Cultiver la crise ne sert à rien. Mais il y avait encore une semaine à Tahiti, c'était plus facile de trouver un kilo de foie gras qu'une bombe antimoustiques. Tout ça devient un peu surréaliste.

Malgré tout, le chikungunya plombe un peu cette ambiance polynésienne de Noël tropical qui est habituellement délicieux.

La fête, en Polynésie, est particulière. D'abord, ce n'est pas un accident. Il y a une vraie capacité et un sens réel de la fête. C'est une des grosses qualités polynésiennes. C'est la fête familiale, les gens sont ensemble, chantent, grattent la guitare et le ukulélé. C'est simple, gai, amical, et familial. C'est drôle. Et émouvant. Le ressac berce les enfants.

C'est très douloureux d'écrire sa vie,
de regarder dans le rétroviseur,
parce qu'elle se résume à peu.
Elle n'est faite que d'efforts.
Je préfère regarder devant,
parce que devant il n'y a que le plaisir,
puisque l'effort n'est pas encore fait !

J'aime pêcher mais je n'aime pas trop en parler. D'ailleurs, quand les gens parlent de pêche, en général ils sont parfaitement ennuyeux. Bref, hier, je suis allé pêcher le lieu jaune, un poisson qui n'a pas d'écailles. Il y en a beaucoup au large de Brest. C'est un poisson de mer froide, qu'on pêche à la ligne et à certaines heures, un certain temps après la renverse du courant et au tombant d'une roche. Il faut donc déjà bien connaître le coin pour pouvoir repérer un endroit où il y a, dans le fond de la mer, un décrochage un peu comme une falaise, et c'est à ces endroits-là qu'on peut pêcher ce genre de poissons. Quand il est cuit, c'est un poisson qui a une chair translucide ; pas blanche, translucide, et il est aérien, léger au point de vue goût, fin. Ça ne voyage pas beaucoup. Il y en a pas mal en Bretagne. Ce poisson de mer plutôt froide est redescendu un peu chez nous…

Je suis un bon marin mais je ne suis pas un bon pêcheur. Mais j'aime beaucoup ça. Il y a de bons pêcheurs, des gens habiles, qui pêchent en fonction de l'heure, de la lumière, ils disent : il faut descendre mettre tel appât… Ce sont des gens avec qui je vais pêcher. À Tahiti, quand je pêche au gros, je sais manœuvrer pour le ramener à bord, y compris en étant tout seul. Mais je ne suis pas un bon pêcheur, je n'ai pas cet esprit… Il y a des gens qui ont le sens de l'attrape, qui connaissent le poisson, qui savent venir à tel lieu, à telle heure… Moi, je ne suis pas ainsi. Du moins, pas encore, c'est un métier que j'apprends.

La pêche est magique dans le monde d'aujourd'hui… Vous mettez dans l'eau un fil, un petit crochet sur lequel vous avez placé un appât et vous ramenez un poisson frais… Je ne connais pas beaucoup d'instants plus merveilleux que celui-là, quand on a senti le choc sur la ligne. La chasse, il n'y en a plus ; aujourd'hui, tous les animaux sauvages ont disparu, alors que la mer conserve sa part d'enchantement !

Balade en bord de côte à Brest, en hiver.

Je suis en bateau à l'entrée du goulet de Brest, on a l'impression que la terre est tout près. On est à quoi ? Six cents mètres. Tout à l'heure, on entendait un chien qui gueulait dans le froid, il n'y avait pas un souffle d'air, la nature était figée. C'était très beau. Je voyais tout autour de moi les feux des différents ports. L'entrée de Brest, les phares qui se reflètent sur la couche de nuages, qui n'est pas très épaisse. Le calme, la sérénité, un côté insolite des matins d'hiver sur la côte bretonne. Moi, j'aime bien ça. J'y trouve de la poésie, de la force, de la densité. On se met à ce moment-là à penser au monde de la pêche. Le bateau de pêche sur lequel je suis n'a pas pu sortir beaucoup ces derniers temps – la météo était trop mauvaise. Nous profitons de l'un des rares moments où la mer n'est pas trop forte depuis une semaine, et les courants pas trop violents. Aller pêcher, c'est captivant, on met des pièges dans l'eau, des casiers, des filets, des hameçons… Cela requiert de la technique, de la compréhension, mais ça dépend toujours du miracle : la pêche est bonne ou elle n'est pas bonne. Ce n'est pas écrit. Et c'est ça dans le monde entier. C'est un monde que j'aime énormément, celui de la pêche, parce que où qu'on aille sur la planète les hommes vivent toujours au même rythme. On essaie d'attraper. On n'attrape pas toujours, mais c'est de ça qu'on va vivre. Alors parfois il faut s'engager, se donner du mal, que ce soit dans un monde charmant et délicieux ou tout à fait hostile.

Cargo en détresse : 31 janvier 2016.

Je réagis aux images très fortes de ce cargo, le *Modern Express*, dont on suit l'évolution depuis plusieurs heures, qui ballotte toujours à deux cents kilomètres du golfe de Gascogne. Un bateau de cette taille-là, cent soixante-dix mètres, couché sur le flanc. Une nouvelle tentative de remorquage se prépare ce matin. Ce n'est pas du tout un exercice évident, d'autant qu'il doit y avoir pas mal de creux dans le golfe de Gascogne – cinq ou six mètres. Et remorquer, ça veut dire ramener derrière soi, faire une descente sur les côtes et rentrer dans un port. Tout ça est compliqué ; la manœuvre est incertaine et dangereuse. Ça me rappelle l'histoire du *Pamir* : un quatre-mâts allemand qui a fait naufrage en 1957 – j'avais 13 ans – dans l'Atlantique. Tout le monde n'a parlé que de ça pendant presque une semaine parce que le bateau avait disparu : il était chargé de grain, et la cargaison avait ripé. Et les derniers dessins du Pamir qu'on a vus dans les journaux à l'époque sont ceux d'un bateau couché dans la mer, dans l'impossibilité de se redresser et le bateau a fini par chavirer, emportant avec lui quatre-vingt-six hommes, parmi lesquels cinquante-deux cadets de l'école de marine marchande allemande, laquelle, on l'imagine facilement, était très triste devant tous ces hommes jeunes, entre 13 et 20 ans, ayant disparu. Le *Pamir* fut le dernier navire-école à voiles à avoir l'autorisation de transporter du fret. Après, ça a été interdit. Maintenant, tous les quatre-mâts navires-écoles sont lestés. Quand le *Pamir* a disparu, cent cinquante navires se sont détournés de leur route pour essayer de retrouver les traces du bateau. On a retrouvé six hommes dans des baleinières, c'est tout. Tous les autres étaient morts. On les a retrouvés comme on a pu, on n'avait pas de position précise à l'époque, pas d'hélicoptère, pas de moyens de sauvetage.

C’est drôle :
l’océan te dit « fous le camp ! »,
et tu y vas quand même…

Rendez-vous dans le plus grand *marae* de Polynésie à Raiatea, à Taputapuatea exactement. Les *marae* sont des plates-formes en pierre volcanique ou en corail où se déroulaient les cultes polynésiens associés à différentes cérémonies sociales, courses guerrières, rencontres de chefs… Lorsque les bateaux partaient à l'aventure, ils emportaient une pierre du *marae* pour en recréer ailleurs un nouveau. Ce monument atteste d'une civilisation, d'une croyance, d'une occupation, avec dessus une sorte d'autel, qui pourrait ressembler aujourd'hui à trois ou quatre conteneurs qui se suivent, parce que c'est relativement haut. Ça a la forme d'un rectangle. Dessus, d'après les dessins de Cook et des navigateurs des années 1760, on sait qu'il y avait pas mal d'objets en bois, des sculptures et autres. Et tout ça évidemment a disparu. Et cette culture polynésienne a aussi disparu dès l'arrivée des Européens.

Le *marae* de Raiatea est un lieu sans innocence. C'est très étonnant quand même ! J'y suis déjà allé plusieurs fois, et il s'y passe quelque chose… comme à Rome la nuit, à côté du Colisée, ou à Paris, sur la place de Grève et dans l'île de la Cité, ou dans toutes ces zones-là, lorsque l'agitation humaine disparaît, les pierres se mettent à respirer l'Histoire. J'aime bien ces moments-là.

Parfois, avant de parler de ce qui doit être fait dans le futur, il faut essayer de regarder le passé lointain qui nous donne la force de mieux comprendre où aller aujourd'hui et comment se conduire.

Je vis dans un monde
dont j'ai fixé le décor et la ligne d'horizon.
Le point de mire. Le point de fuite.

Le plus grand paquebot du monde, *Harmony of the Seas*, a quitté les chantiers de Saint-Nazaire pour ses premiers essais en mer.

Et ça fait une semaine que cette aventure me torture. D'abord parce que c'est étonnant de lancer un bateau de cette taille : trois cent soixante-deux mètres de long, soixante-six de large. On met quand même sur la mer un engin sur lequel il va y avoir huit mille personnes. Et ce qui est très stupéfiant, c'est qu'avant la croisière était pour aller loin, une fois, parce que c'était difficile et qu'il n'y avait pas la possibilité de se rendre dans certaines parties du globe en avion. On a envoyé des bateaux de croisière au pôle Nord, au pôle Sud, pour visiter le monde. C'était le but. Et aujourd'hui, les bateaux de croisière ressemblent presque à des parcs de jeux. Sur *Harmony of the Seas*, il y a des toboggans qui descendent dans les piscines. Il y a des cabines où on ne voit pas la mer. Dans ce monde où les choses sont de moins en moins sûres, j'ai le sentiment qu'on s'isole sur les bateaux, on se met relativement à l'abri, et je pense que c'est un vrai basculement de ce qu'est le monde de loisir, parce que *Harmony of the Seas*, avec ses huit mille personnes embarquées, est emblématique des navires que l'on va fabriquer dans les années qui viennent. C'est-à-dire qu'on va de plus en plus embarquer sur des navires pour des vacances « isolées », avec, à bord, une sorte de vie qui ressemble à celle d'un parc d'attractions. Ce n'est pas obligatoirement ma tasse de thé, mais ce n'est pas non plus stupide. Et de toute façon, on verra bien : les marchés ne sont pas trompeurs. À un moment donné, les chantiers avaient très peur que dans le monde on construise beaucoup plus dans les pays émergents, où la main-d'œuvre ne coûte pas cher. Et je pense que STX, les chantiers à Saint-Nazaire, ont réussi à garder à coups d'ingénierie, de réflexion, en ayant aussi un personnel très qualifié, une clientèle mondiale qui se dit qu'on ne transforme pas un paquebot tous les vingt ans, il faut que ça dure au moins vingt-cinq à trente ans, et qu'on a besoin de gens qui détiennent un savoir-faire dans la construction. C'est le secret et aussi le mérite de STX à Saint-Nazaire.

Je suis partagé entre la prouesse technologique et cette drôle de vie sur un paquebot.

Avril 2016. Dans un peu plus d'un an, c'est la Coupe de l'America, la trente-cinquième édition, et on s'y attaque dès maintenant, à Lorient où s'effectue la préparation.

Tout le monde pense qu'une Coupe de l'America c'est un bateau, un équipage de dix hommes et quelques techniciens autour. Mais ce n'est pas ça aujourd'hui. L'équipage comprend huit ou dix hommes, douze ou treize personnes sont mobilisées pour la recherche, la technique, la construction et l'entretien requièrent à peu près le même nombre. La Coupe de l'America a beaucoup évolué. Aujourd'hui, ça se fait avec des catamarans. Les catamarans ont des voilures rigides qui ressemblent à des ailes d'avion, et une aile d'avion, on peut l'orienter mais on ne peut pas en diminuer la taille. C'est exactement ce qui se passe avec les bateaux de la Coupe de l'America. Les coques du bateau, les catamarans, tout ça est figé par le règlement. Les écuries ne peuvent pas les modifier, au contraire elles sont contraintes à telle forme, telle taille et tel poids. Par contre, ce qui est libre, et c'est là-dessus que la compétition va se jouer, ce sont les foils. Les foils sont les lames situées sous le bateau, qui lui permettent de se lever, de dégager les coques et de gagner ces grandes vitesses. Et c'est sur les lames des plans porteurs que va se jouer la compétition. Et c'est là-dessus que se fait la recherche. La recherche sur les foils est passionnante, mais c'est très compliqué. Une lame dans l'eau, comme tout ce qui est dans l'air, comme tout ce qui est dans un fluide, a une portance et une forme optimales. Mais la portance optimale de tout l'édifice, de tout ce qui est dans un liquide ou dans l'eau, est fonction de la vitesse. C'est-à-dire que ce n'est pas une constante. Vous êtes bon de dix à trente kilomètres à l'heure, ou de vingt-sept à quarante-deux, mais vous n'avez aucune lame, aucune forme qui soit bonne tout le temps. Et là, il va falloir que les chercheurs français déterminent le type de lame exact dont ils vont avoir besoin pour aller courir la Coupe de l'America aux Bermudes. On sait que la moyenne des vents est de vingt kilomètres à l'heure. Donc il faut choisir des lames qui, sur une moyenne de vingt kilomètres à l'heure de vent, donneront à ce type de bateau le meilleur passage dans l'eau et le meilleur lift. Voilà le défi. Il est ici. Il s'agit de bien en comprendre les enjeux.

Sur l’eau, un simple changement de lumière,
un nuage qui passe
me suffisent pour atteindre la plénitude.
Au fond, c’est assez difficile à décrire.
Au début, je pensais que ce décor allait s’user.
Au contraire, plus je le regarde et plus je l’aime.

On n'échappe pas à soi-même
en fuyant sur les mers.
C'est précisément l'inverse qui se produit.

Je suis à Tahiti mais, de l'océan Pacifique à la ville de Brest, il n'y a qu'un pas finalement, puisque autour de moi les équipes de marins se préparent déjà pour les fêtes maritimes de Brest : ce sera en juillet.

Je suis avec les piroguiers qui vont rejoindre Brest. Les bateaux vont être mis sur des cargos et ils vont venir naviguer à Brest. Ce sont presque les plus grandes fêtes maritimes du monde. Ça fait vingt-quatre ans que ça existe maintenant, tous les quatre ans, et c'est une fête qui réunit à peu près tout ce qui flotte dans le monde entier en pirogues, bateaux à voiles, bateaux de commerce, trois-mâts, quatre-mâts, porte-hélicoptères, brise-glace… Les fêtes sont ici uniques parce que la rade de Brest est immense et qu'on peut y naviguer pour ainsi dire tout le temps et surtout en été. Un tel rassemblement de bateaux, on ne voit ça nulle part. Pour voir l'ensemble des bateaux qu'on voit à Brest au moment des fêtes, il faudrait quarante ans de sa vie dans tous les ports du monde. C'est une vraie réunion. Ce sont des bateaux que j'aime, que je connais plus ou moins, ce sont des images aussi. Je m'explique : quand j'étais à l'école et que je m'emmerdais au collège, dans le fond du bureau il y avait des images et des photos de bateaux. Et là je vois en vrai tout ce qui m'a fait rêver et qui a motivé le fait que je navigue pendant des années, et tout ce qui me motive encore avec un grand enthousiasme et un grand plaisir, parce que c'est aussi un monde maritime qui est attaché à ses valeurs. Ce sont des gens qui naviguent bien. J'ai vu la rade de Brest avec deux mille bateaux sous voiles : pas un accrochage. C'est vraiment une élite maritime. Et ça se termine en général par une grande parade sous voiles qui va de Brest à Douarnenez. En général, le temps est clément, le spectacle d'une grande force. Et je peux vous promettre que, si vous aimez un petit peu la mer et les bateaux, vous trouverez là des raisons de les aimer encore davantage. C'est somptueux. Voilà un peuple d'amoureux de la mer, qui maintient des bateaux anciens, qui les fait naviguer, qui les connaît. Ça vaut vraiment le coup ! Je crois que c'est la fierté maritime bretonne de recevoir le monde entier chez soi.

Chaque heure de mer interroge
toutes mes heures de mer passées.
Où ai-je déjà vu cette lumière,
cette forme de houle,
ce type de vagues,
ces nuages ?

La mer, c'est la partie de la Terre que je préfère.

La goélette *Tara* est en mission pour les coraux. C'est un bateau d'observation, l'ancien bateau de Jean-Louis Étienne, qui repart de l'Antarctique pour venir en Polynésie. Il vient observer les récifs coralliens. C'est intéressant parce que les chercheurs ont une méthode de travail qui est très au point. Ils ont réalisé beaucoup d'études déjà, nord-sud, dans l'Atlantique, en faisant systématiquement des relevés à six cents mètres de fond. Quand j'étais il y a peu avec des gens de l'Ifremer, nous en parlions. Et grâce à ces relevés systématiques qu'ils ont effectués à peu près partout, on a découvert ou redécouvert des « animalcules » dont on ne connaissait pas encore tout à fait l'existence. Et l'état d'esprit de cette équipe de recherche qui vient regarder, observer, réfléchir et mesurer les récifs coralliens me paraît important. Pourquoi ? Parce que je pense que ce sera fait d'abord avec une grande honnêteté intellectuelle et surtout avec une certaine forme d'acharnement. Pour avoir vraiment une mesure, il faut réunir un grand nombre de prélèvements, d'observations.

Prélever des bouts de récifs coralliens pour comprendre le rôle des coraux : c'est la mission d'observation de *Tara*, cette fois-ci. En vérité, c'est mieux comprendre. Car on sait si peu de choses. Ou plutôt : on sait beaucoup de choses sur les coraux mais cela représente très peu. C'est un peu comme tout sur la nature. En biologie, à l'intérieur de l'Amazone, on sait plein de choses sur la flore, mais on ne sait jamais tout ce qu'on devrait savoir. Et comme il n'y a pas toujours un intérêt économique immédiat, les recherches ne sont pas poursuivies. Et c'est pourquoi, quand quelqu'un réussit à adapter avec des équipes scientifiques une « systémie », on va regarder, prélever, analyser et chercher, et de là, enfin, on va pouvoir tirer un certain nombre de conclusions, qui ne sont sans doute pas définitives, mais qui vont apporter sur la connaissance de ce que l'on a du monde corallien un jour vraiment nouveau. Et surtout, ça va énormément l'élargir.

En mer, il faut être très « capteur » !
Je parle peu quand je suis sur mon bateau.
Je respire, je flaire, je suis en éveil.
Parfois, je retrouve une odeur, une couleur.

Le solstice d'été est un spectacle merveilleux. Et le solstice d'hiver !

Qu'on soit dans l'hémisphère Nord ou dans l'hémisphère Sud, c'est toujours une période très étonnante. Et je vais être rentré en Europe pour le 21 juin parce que j'adore cette période. Mais surtout, ce qui est très intéressant, c'est que, où que l'on soit dans le monde, sous n'importe quelle latitude, on s'aperçoit à quel point cette période va changer les lumières. À Tahiti également, depuis dix jours, puisqu'on approche des jours les plus courts dans l'hémisphère Sud. On a presque les lumières de la côte amalfitaine, avec des bleus un petit peu fragiles, qu'on n'a jamais sur ce genre d'océans où les bleus sont denses, forts, profonds, bleu ciel, turquoise, tout ce qu'on veut, mais jamais cette espèce de fragilité des côtes du sud de l'Italie en été. C'est très émouvant et très intéressant. J'adore regarder à quel point, lorsque le basculement du soleil arrive à ces extrêmes, aussi bien en été qu'en hiver, les lumières prennent des teintes en fonction du lieu où l'on est : des teintes uniques, qui ne vont durer peut-être que dix jours dans l'année, et qui offrent un spectacle magique de l'endroit où l'on se trouve.

La plus belle des promenades,
dans mon esprit,
est un peu rude dans la densité.
Car c'est la violence de la mer
qui est d'une grande beauté.
C'est le cœur du monde
qui gronde, qui tape.

Je me suis toujours dit que je m'intéresserais à la Coupe de l'America dès lors que je serais vieux. J'étais pris dans la compétition à voiles, laquelle ne me laissait pas de temps, ni de près ni de loin. J'ai aussi toujours pensé que cette Coupe évoluerait, qu'elle ne correspondrait plus tout à fait à ce qu'il eût fallu qu'elle soit. Quand je l'ai découverte, en 1956-1958, couraient encore les bateaux les plus rapides de leur temps, des monocoques. D'année en année, les choses se sont dégradées, si je puis dire, les bateaux qui couraient n'étaient plus les plus rapides de leur époque. Dans le même temps, il émanait toujours de cette Coupe une *part of glory*… Oui, des moments de gloire… Elle recèle des moments de gloire, un peu comme ces lumières magnifiques de 18 heures dans les ports où il y a du yachting, quand les bateaux rentrent… ça vit, il y a de la brillance, de l'élégance.

Donc je me disais : un jour j'irai voir ça de près ! Et j'ai parié sur l'évolution de cette course. Il n'y a pas de hasard : je suis devenu vieux et je m'occupe de la Coupe de l'America. C'est étonnant comme tout se passe, dans cette affaire, comme je l'avais pressenti de façon confuse.

Les bateaux de la Coupe me faisaient rêver lorsque j'avais 11, 12 ou 13 ans. Faut-il préciser qu'ils étaient remarquables ? Je voyais des images de ces sublimes gréements dans *L'Illustration*, dans *Paris Match*. C'étaient des bateaux en bois, des douze mètres CR (cruiser-racer) qui me paraissaient grands alors. Le rêve, quoi ! Ils représentaient un yachting qui traînait derrière lui une légende. C'était presque physique, ma sensation. Je me souviens de bateaux comme l'*Hallali*, un douze mètres CR sur lequel j'ai navigué plus tard : je le revois appareiller à La Trinité-sur-Mer, quel moment de beauté et de stupéfaction ! Fascination. Indéniablement, je le redis, ces bateaux véhiculent une légende. Pour les gens qui aiment les voitures, c'est la même chose, je pense, avec l'Hispano-Suiza… Bref, j'ai eu cette émotion-là, à 13 ans, une émotion physique.

Et cette émotion n'a pas laissé de me poursuivre. J'ai toujours gardé un œil sur la Coupe de l'America. Je connais à peu près tous les bateaux de la Coupe. J'ai suivi les courses, je me suis déplacé pour aller les voir, j'ai passé du temps en Nouvelle-Zélande, pour *Match* je suis allé à San Diego suivre la course de près… J'étais sur le plan d'eau. Je m'arrangeais pour m'y rendre pour un journal. J'essayais de comprendre ce qui se passait réellement ; ce qui me captivait, c'était de surprendre l'intelligence de la course.

Je poursuivais ma carrière de marin de course et, à côté, je m'intéressais plus que de près à la Coupe. Moi, j'étais dans un yachting violent, physique, et là, c'était une autre sorte de yachting, beaucoup moins violent, un peu physique. Dans cette course, il y avait, comment dire ? une partie historique inachevée.

L'America, c'est un yachting dont s'est emparé un certain monde – pas le mien –, version carré Hermès !

Mais il faut être juste : le ridicule de l'un n'entache pas la valeur et l'émotion de l'autre. Ce n'est pas parce que la Coupe devenait « un machin » confisqué par une certaine idée d'un monde chic, et qui a de la gueule, que l'émotion disparaissait. C'était, selon moi, subtil et puissant en même temps.

L'histoire de la course m'a fait rêver. Quand j'imaginais les régates de l'époque avec des bateaux comme *America*, je sentais les odeurs de Newport, de cet Atlantique Nord… Ces bateaux étaient tout de même les héritiers des goélettes morutières, ils étaient hyper voilés, ça donnait des embarcations très fortes, puissantes, de ce monde de Terre-Neuve… Les premiers bateaux de la Coupe étaient des bateaux à voiles avec, à leur bord, quarante hommes d'équipage. Fallait du monde dessus. Rien à voir avec les douze mètres qui ont suivi. Ces goélettes entraînaient avec elles une épopée, il y avait des odeurs de sel, des poulies qui grincent, des vagues… que sais-je ?… il y avait de l'existence. Du rêve et aussi une nostalgie dissoute dans les brumes de Terre-Neuve. Comme le parfum peut rester quelque part, s'accrocher au décor… Voilà les émotions que me suscitaient ces navires. Ensuite, quand dans ma vie je suis passé dans ces mers-là, j'ai aperçu physiquement ces bateaux, j'ai été apte à en voir les fantômes. Il y a des gens qui sont aptes à voir, je ne sais, les fantômes de Buckingham, de la royauté, moi j'étais apte à voir les fantômes des bateaux, j'ai vu les fantômes des bateaux. Et quand on voit les fantômes, on les suit, c'est irrépressible, on est séduit, ému, on a le cœur pris.

Mon engagement aujourd'hui dans la Coupe s'explique par tout ça.

La rade de Brest me fascine, c'est la pénétration de la mer dans la terre. C'est aussi, à travers le goulet et dans le système éolien, la pénétration du mauvais temps à l'intérieur de la terre. Quand il y a du vrai mauvais temps, la rade s'allume, elle blanchit, c'est raide, c'est dur, puissant, ça donne une idée de ce qui se passe dehors mais ce ne sera jamais le mauvais temps de dehors. C'est juste une porte entrouverte sur l'océan en furie de l'autre côté, la porte entrouverte d'une cage. Les effets de cette furie, les hurlements du vent, les crêtes de la rade qui blanchissent, le clapot court qui se lève et va jusqu'au Moulin-Blanc, ça tape certes, mais ça ne lève pas les dix mètres de creux qu'il y a dehors. Le goulet est infranchissable à ce moment-là avec des creux de six mètres, vent contre courant. On a là la perception physique de ce qui se passe de l'autre côté. C'est comme un gros morceau de l'autre côté qui vient chez nous. De l'autre côté du goulet, les fauves sont là. Deux ou trois fois par an, ça ronfle dehors. On entend les monstres. Dans la rade, c'est presque découpé en tranches : au Moulin-Blanc, au fond de la rade, près du pont, il y aura dix nœuds de moins qu'au début du port de commerce, où il y aura encore dix nœuds de moins qu'à la Cormorandière (à l'entrée du goulet), où il y aura dix nœuds de moins que de l'autre côté.

Devant ce spectacle, je ressens un appel. J'ai envie d'aller voir les monstres car la vie elle est là. Dans la cage.

Il n'y a pas beaucoup d'endroits au monde où les choses sont comme ça : de l'intérieur (dans la rade), on peut avoir une idée précise de ce qui se passe à l'extérieur, au large. D'où l'appel. Brest cristallise mes appels à la mer. C'est comme si le vent me disait : « Viens, si tu es un homme. » C'est la sauvagerie et la beauté du monde qui sont de l'autre côté.

Il m'est arrivé de rentrer dans Brest avec soixante nœuds de vent arrière, on passe vraiment une porte. Ce dehors est malgré tout fascinant de sauvagerie.

Je n'ai jamais vécu la rade comme un abri mais comme un sas. De l'autre côté, c'est la porte vers le grand océan.

J'ai une notion aiguë, précise et forte du « ça vaut le coup d'exister ». Même en pleine pétole, belle journée bleu ciel, sur la mer immobile d'Amalfi le long des côtes italiennes. Je suis pris dans ces charmes-là et j'y suis totalement sensible, comme on peut l'être au parfum d'une femme.

De temps en temps, je repense, à rebours, à des mers fortes, rageuses, rugueuses, intenses et denses. L'émotion est là aussi : « Ça vaut le coup d'exister. » La même émotion, mais d'une autre nature. La différence, c'est que cette mer-là, quand les vents hurlent, je sais que je ne la reverrai plus. Je me souviens de ces vagues noires et de mon bonheur d'être au milieu de ces paquets de mer. C'est bouleversant et passionnant. J'ai la marque de ça en moi. Tiens, je suis pris d'une petite angoisse, d'une nostalgie. Je ne reverrai plus ces monstres-là. Je ne rentrerai plus dans la cage. Trop vieux.

Notre monde est en train de beaucoup changer : il se construit peu à peu émotionnellement avec des réactions qui relèvent de la transmission immédiate de la perception de l'émotion, d'où le buzz, le tweet… On réagit immédiatement à un événement sans en analyser la portée, la densité, l'effrayant ou la magie. On perçoit, me semble-t-il, de moins en moins la capacité qu'ont à nous construire les événements que nous traversons. J'ai l'impression que c'est à celui qui va être égratigné le plus vite, qui va crier le plus vite parce qu'il a été égratigné, et que personne ne va réfléchir au fond sur ce qui se passe ou sur ce qui vient de se passer. C'est comme s'il fallait sans cesse lever le doigt à tout prix et à toute vitesse.

À force, on émousse la sensibilité mais surtout la réflexion. D'où cette incroyable et fabuleuse primarité devant les réactions. Et si on ironise sur le fait, on prive les autres de leur réaction, donc on est considéré comme un ennemi. Il me semble qu'il y a perte de l'humour et du sarcasme. Tout devient interdit. C'est une maladie ultracontemporaine. L'émotion aujourd'hui est proposée : « Venez dans notre séquence émotion. »

Dans mes promenades en bord de mer, mes émotions à moi sont bien réelles.

Le fait de percevoir ce qui m'entoure, lors de mes promenades en bord de mer, m'est une source infinie de joie. Je suis preneur de toutes manifestations d'émerveillement. Je suis apte à l'émerveillement. En quête.

J'ai assez souvent des étonnements heureux. Mais je les fabrique. À Paris, le 21 juin, je monte tout en haut de Montmartre regarder le matin du jour le plus long sur la ville pour voir la lumière lécher les toits.

Je me précipite dans ces moments-là. En Polynésie, je peux rester dehors plus longtemps certains soirs car je vais pressentir que telle lumière de la tombée du jour va donner une couleur particulière, à Moorea, par exemple. Je prépare mes étonnements heureux. Et j'en profite. De même que des parents, lorsqu'ils entendent la voiture qui ramène leurs enfants de l'école, vont se précipiter sur le pas de la porte, pour ne pas rater le moment où le bambin saute de l'auto et se précipite dans leurs bras, de même je sors sur le pas de ma porte pour voir apparaître le soleil derrière les arbres… ça fait partie des grands plaisirs de ce monde.

Si j'ai élu domicile en Polynésie, c'est que je savais que ce lieu avait la plus grande capacité, pour moi, à déclencher des enchantements. Depuis que je vis à Tahiti, il ne se passe pas une seule journée où je ne suis saisi par trois ou quatre moments parfaitement jubilatoires.

Je m'imagine des moments magiques : je suis sur l'aéroport de Dinard, je vais sauter en parachute, il n'y a plus aucun bruit, soudain plus de bruit d'avion, nous sommes au début du mois de juin, un petit vent frais vient de la mer, donc du nord, mais l'on perçoit très haut le chant d'une alouette. Paf ! Le flash de perfection absolue.

Pour celui qui guette, il y en a beaucoup, de ces moments denses.

Je suis guetteur de ces moments. Je me donne des rendez-vous à moi-même. Si je sais que tel lever de soleil est splendide à tel endroit, je mets mon réveil, je prends voiture ou bateau, et je vais voir.

En été, par exemple, quand il fait beau et que ça chauffe, à midi et quart, la lumière est d'une incroyable texture. Une heure plus tard, après le déjeuner, elle a changé, la voici saturée, gavée, presque lasse. Sa magie a disparu. Ce qui était chaud vibrant est devenu chaud accablant. Être capable de remarquer cela, de s'y intéresser, fait tout le bonheur de nos vies. Et le matin, vers 8 heures, à la même saison, quand le premier soleil vient embrasser la rosée sur les pétales des pois de senteur… C'est furtif car la grande chaleur va venir bouffer tout ça, donc il faut avoir conscience de ces moments fragiles. La journée entière se construit et se détruit par la lumière. Je suis photosensible. Je suis spectateur de tous ces moments fragiles. Ils m'enchantent.

Il y a aussi des heures sans signification : il est 15 heures, les lumières de midi sont mortes et celles du soir ne sont pas encore nées. Dès 17 heures, il y aura des rayons obliques dans les feuilles, dans les arbres, dans les brins d'herbe sur les bords de mer, et c'est tout un nouveau scénario qui est recréé. J'ai cette capacité à bloquer ces moments de lumière. Et à m'en goinfrer.

Nos compatriotes n'ont plus beaucoup de rapports avec la nature. Il y a, de ce point de vue, tout un savoir qui est devenu inutile. On a inventé des chapeaux qui protégeaient de la pluie, des chaussures *waterproof*, bref, tout a changé. Dans les années 1950, je me souviens des paysans bretons qui allaient au champ, ils n'avaient pas d'imperméables mais des peaux de chèvre. Ils ne regardaient pas la pluie de la même manière, surtout dans un pays où la pluie est une réalité. Ce n'était pas il y a deux siècles, et à l'échelle de l'Histoire, c'était hier matin.

Moi, tous mes étonnements heureux viennent de la nature. J'entretiens avec elle des rapports de connaissance ou d'ignorance. Je suis particulièrement sensible à la poésie de la nature, et ceci parce que je l'observe. J'ai passé ma vie à regarder dehors. Je n'ai pas vécu dedans.

Quand je vois passer une faucheuse, je sais que si je me place derrière, dans le vent, je vais respirer des odeurs d'herbe coupée, de graminées… Chez moi, en Bretagne, il y a des buissons avec de la menthe, c'est un régal.

En Polynésie, la nature me surprend sur un point : c'est l'ensemble des coloris des lagons. Gamme de bleus, de verts, de roses, de turquoises, de blancs… Oui, une gamme de blancs – quand le sable est blanc et qu'il n'y a pas de fond. Et puis les brillances changent. Quand le vent se lève, il y a du clapot… Il génère autant de petites facettes qui reflètent le soleil. Tout à coup, si, de loin, l'océan devient foncé, c'est qu'il y a du vent dessus (en Méditerranée, on appelle « négresses » les risées).

Je suis client de la nature.

J'aimerais bien
qu'on puisse arrêter le temps
sur un moment de magie.
Arrêt sur émerveillement.
En d'autres termes, il y a une tristesse
de la disparition de l'instant magique.

Il n'y a plus de ports. Comme il n'y a plus d'aéroports. C'est pareil. On arrive pour prendre l'avion, on suit des couloirs, on prend sa valise et on part. *Idem* dans les ports : on se met à quai, les machines retirent les conteneurs et hop, on repart six heures après. Il n'y a plus d'échanges. Ce sont des interfaces et c'est tout. On ne vit plus dans les ports. D'ailleurs, il n'y a plus de bistrots dans les ports modernes, que des quais et des instruments qui vont trier les cargaisons.

Il n'y a plus de gares non plus. Les trains arrivent et partent dans certains endroits déterminés mais il n'y a plus de gares. Avant, il y avait des restaurants dans les gares, on s'y déplaçait pour faire des adieux ou pour accueillir des gens, mais ça n'existe plus. Notre société a changé tout ça. Même dans la chanson populaire, la gare a disparu. Je me souviens de cette chanson des années 1930 : « J'aperçois la gare / Le train qui démarre / Encore loin de toi… » La gare est devenue un passage entre différents tubes. Ce n'est plus un lieu.

Les ports, eux aussi, ne sont plus des lieux. Des passages seulement.

Avant, dans les gares, on voyait débarquer la province. On ne la voit plus débarquer – d'ailleurs il n'y a plus de province. Il y a trente ans, à Montparnasse, on voyait des gens qui venaient de province. Aujourd'hui, impossible de les reconnaître, de les identifier. C'est en cela que je dis qu'il n'y a plus de province.

Il ne peut plus y avoir de ports ni de gares puisque les gens ne sont plus en voyage mais en déplacement. Être en voyage, c'est partir sans date de retour. Aujourd'hui, lorsque l'on part le 17, on sait qu'on revient le 24 à 13 h 41.

Il y a deux ou trois endroits dans le monde où, en parcourant les ruines – car c'est le mot –, on sent encore les gens qui ont débarqué ; je pense à Ellis Island dans le port de New York.

Valparaiso fut un vrai port car quand les aventuriers avaient passé le Horn, ils y faisaient escale ; aujourd'hui, il n'y a plus de traces de ces histoires. Plus de fantômes à quai. On a effacé jusqu'aux lieux où les fantômes pouvaient encore apparaître.

Ce phénomène est identique dans les gares, d'autant que l'architecture de la vapeur donnait à voir des images…

Le quai où le *Normandie* s'est amarré n'existe plus. On a tué jusqu'à l'habitat des fantômes.

Aujourd'hui, le monde est sans fantômes. Le fantôme de Roissy n'est pas crédible. D'ailleurs aucun fantôme à peu près bien élevé ne voudrait vivre dans ce décor.

Voilà le grand bouleversement : il y a eu entre sept et huit millions d'Européens qui, dans cette Europe bousculée où tant de gens furent déplacés, entre 1945 et 1954, sont partis de Cherbourg pour le Nouveau Monde. Il y avait des hôtels spéciaux à Cherbourg. Tout a disparu. Ce flux migratoire énorme a disparu. Il faut intégrer ces phénomènes.

Est-ce que le monde ne serait pas devenu indifférent à son histoire ? La question mérite d'être posée. Je crois que c'est fondamentalement le rapport au temps qui a changé. Le rapport au temps et la culture du temps.

Pendant des années, le rapport que l'on pouvait avoir avec le savoir était lié à l'enseignement des aînés. Le savoir d'aujourd'hui est dans Google. Les vieux, jadis, étaient les seuls qui possédaient, dans le cadre de la création de rapports humains avec les jeunes, la possible explication – pour ceux qui la désiraient vraiment – du rapport au temps. Aujourd'hui le temps, c'est du buzz ! C'est la capacité extraordinaire de rendre mondial un non-événement.

On a longtemps cru les systèmes météo stables mais c'est une erreur. Sur les mille dernières années, on est en droit de penser que les variations furent fortes. Il ne faut pas oublier que Groenland signifie « terre verte », ce qui veut dire que le climat fut à une période plus chaud qu'il ne l'est aujourd'hui. L'Armorique était, il y a *x* millions d'années, constituée de montagnes pouvant atteindre huit mille mètres de haut. Les falaises de l'île de White, par exemple, c'est du corail. Autant d'indications sur les variations du climat…

Le long du continent antarctique, du côté de la mer de Weddell, 67° sud – à proximité de l'endroit où j'étais passé en solo lors d'une descente près du pôle –, se dégage une impression de forte virginité. C'est une partie du monde qui n'a jamais été habitée. Ici, il n'y a pas de *lien* – pour dire les choses comme je les ressens. Il n'y a pas d'histoires d'hommes, même s'il y eut, voici plus d'un siècle, des gens dans quelques bases. Mais c'est anecdotique. Il y a peu d'épaves de bateaux… C'est la partie du monde où l'homme n'a jamais pu mettre les pieds. Pas d'école, pas d'église. La vie de l'homme n'est pas là. Quand on débarque sur l'île de la Madeleine par exemple, il y a cinq cent mille manchots. Et ce qui est fabuleux, c'est qu'ils sont totalement indifférents à notre passage. Ils continuent à vaquer à leurs occupations de manchots et ne sont nullement préoccupés par notre présence. Pour se promener, on est obligé de traverser cette foule, on se trouve à un mètre cinquante de ces animaux. Heureusement qu'il n'y a pas un chef qui lance à ses coreligionnaires : on met les humains dehors ! C'est très impressionnant, le bruit. Assourdissant même. Et je le répète, cette indifférence totale à la présence humaine. Ils nous voient, nous les croisons et il s'agit de leur laisser le passage car ils ont des chemins terrestres qui les mènent à la mer. Et des chemins pour revenir de la mer. Ils font une route incroyable.

L'impression qui fut la mienne ? Celle d'un monde avant l'homme, le monde avant qu'on soit là, que les humains l'investissent. Je me dis : l'ensemble du monde devait être ainsi avant que l'homme ne voit le jour.

Culturellement, partout dans le monde où je suis allé avant, l'homme est là, et c'est normal, c'est nous qui dominons. Ici, à 67° sud, on a tellement peu eu le temps de dominer que nous sommes à peine tolérés. Nous sommes confrontés à une histoire biologique sans l'homme. Lorsque nous nous promenions en zodiac au milieu des phoques léopards, qui ont des gueules de murènes et des têtes larges comme celles des veaux – ils chassent les manchots –, je me disais que nous étions dans un endroit tout de même très « spécial ». Ici, j'étais immergé dans un monde qui vit – fort bien – sans nous, sans l'homme, depuis toujours, alors que partout ailleurs sur la planète, l'humain est là depuis *x* milliers d'années.

En Afrique, on peut à bon droit se dire que c'est grâce à nous s'il y a des réserves d'éléphants. Ici, du côté de la mer de Weddell, rien n'est dû à l'homme, rien n'est « grâce à nous », tout s'est passé sans nous. C'est très bizarre de se retrouver là. Nous n'avons jamais protégé ces espèces, elles ne nous doivent rien. Ce monde énorme existe et l'homme vient tout juste d'y arriver.

Et l'indifférence de ces manchots est criante.

J'ai eu ici, à 67° sud, la sensation physique que se déroulait une forme d'éternité à laquelle je ne prenais pas part, à laquelle mon espèce n'a jamais pris part. Ici, l'expression « autre monde » prend tout son sens. C'est un monde *autre*.

Ce n'est pas un monde sauvage au sens violent ; c'est un monde sans l'homme. Point.

Ici, on vient frôler une forme d'éternité, on vient d'apparaître dans une histoire de dix mille ans.

Ici, on a conscience du territoire et de l'existence : brutalement apparaît de façon tactile, palpable, un monde qui ne nous « calcule » pas. Sensations assurées.

Le port de Shanghai est tellement « chinois », c'est-à-dire tellement dans le rapport au nombre, qu'on se sent là dépossédé de son existence propre. Sentiment unique. Jamais je n'étais entouré de moins d'un million et demi d'individus. Les escaliers roulants qui m'emmenaient dans le métro contenaient des rangées de six ou sept personnes de front : c'est dire leur largeur. Ils déversaient du *nombre*.

J'ai vraiment eu la sensation dans ce port que je n'appartenais même plus au nombre mais à la statistique. Cette bascule est psychologiquement réelle. Je n'étais plus visualisé ni visualisable, j'appartenais au nombre compilé, si l'on préfère. Impression physique.

Les habitants de Shanghai ne sont plus visualisables et ils le savent. En France, à l'inverse, les individus vivent dans un monde où résident « leurs histoires ». Dans la Chine post-Mao où l'on a tué une forme de culture, on gère *LE nombre*. Ce ne sont plus des individus, mais une masse. Demain, ici en France, si je peins un tableau sublime ou que j'égorge un bijoutier – pure hypothèse –, je serai l'individu qui a fait ça. En Chine, je vais rejoindre le nombre des individus qui ont fait ça. C'est physiquement étonnant.

Sur le fleuve à Shanghai, je voyais passer une péniche de deux mille tonnes toutes les vingt-six secondes. Et le jour, et la nuit.

En Chine, l'individu appartient au nombre. Individuellement, il n'existe plus. Ce n'est pas un étonnement heureux. C'est en contradiction complète avec ce qui a fait la vie d'un homme de mon âge, qui biologiquement appartient à un clan, à une certaine partie du corps social, à une tradition…

Shanghai, c'est l'étape ultime avant le pôle Sud. À Shanghai, on perd son identité, au pôle Sud, on n'a plus d'identité.

Si l'on veut aujourd'hui rencontrer les fantômes
de Magellan, de Bougainville, de Colomb,
il faut emprunter les routes de ces marins.

Chaque système, à chaque saison météorologique, engendre des vents. Le fœhn par exemple, qui est un vent sec, est dû à un système météo particulier. C'est la même chose pour les vents d'orage. À Brest, entre le régime dit normal des vents et des dépressions, souffle un vent solaire l'été : il s'agit plutôt d'une brise qui suit la course du soleil, à l'est le matin, à l'ouest le soir. À Tahiti, il y a bien des vents différents sur la même zone, lesquels se déclinent en fonction de la saison et de la géographie. Dans les montagnes polynésiennes, il y a le *hupe* : une heure après le coucher du soleil, un air froid descend de la montagne et, dans certains endroits, comme dans la baie de Cook, la température peut baisser de 3 ou 4 °C.

Dès qu'il fait chaud, les vents thermiques s'annoncent. Le soleil chauffant la terre et la mer, et la terre chauffant plus vite que la mer, l'air chaud du large monte.

Les variétés de vents se comptent par centaines dans le monde. Il y a les systèmes géographiques généraux, les systèmes météorologiques généraux qui engendrent certains vents et il faut ajouter à cela la saisonnalité. C'est la vallée du Rhône qui crée le mistral – la géographie est à l'origine de ce vent – mais la thermie y prend sa part, d'où le fait qu'il souffle plus fort en été.

D'autres vents naissent de la surchauffe, comme le fœhn dans la plaine d'Alsace. À ce sujet, il faut savoir que le Code pénal alsacien prévoit, en cas de crime en période de fœhn, une excuse légale atténuante – c'est dire si ce phénomène est connu. On est plus indulgent en période de fœhn !

Les premières données qui ont circulé parmi les grands marins furent celles concernant les vents. Colomb savait que, le long des côtes portugaises, le vent est nord et qu'ensuite il amène sur l'alizé.

Dans certaines parties du globe, il y a des courants de vents. L'Atlantique dispose d'un courant de vent dû à l'alizé qui souffle des côtes d'Afrique vers l'Amérique. Ce phénomène existe au nord de l'équateur mais il se reproduit au sud. C'est l'effet de Coriolis. Lequel explique que les dépressions tournent dans un sens dans l'hémisphère Nord et dans le sens opposé dans l'hémisphère Sud. Les vents ont ainsi la même direction le long de l'équateur.

Je regarde toujours le ciel, les nuages, pour savoir d'où vient le vent. Je regarde toujours ce que fait le ciel.

Dans la nature, il n'y a rien de subit, tout s'annonce. Encore faut-il vouloir en faire la lecture.

Me voici à Marseille, au cœur d'un simulateur. C'est une expérience. Je m'explique : je suis à l'École de marine marchande de Marseille, avec le commandant Garcia qui doit former des capitaines de la compagnie du Ponan, et qui est à l'entraînement avec des jeunes officiers pour leur permettre de prendre l'habitude de manœuvrer des bateaux dans les glaces. Et dans le simulateur dans lequel je suis, on est à peu près une douzaine à la passerelle, le bateau évolue avec, tout autour de nous, devant, derrière, sur le côté, la glace. En fonction de la vitesse qui est programmée et des vents, on parvient à créer tout autour de soi un paysage vraiment très frappant, très réel. À la passerelle, en ce moment, j'ai vraiment l'impression qu'on est dans les baies de la terre Adélie en train de dégager le bateau pour passer à la limite de la fracture du parc et au milieu des icebergs. Il est captivant de voir aussi à quel point les marines marchandes du monde entier ont réagi très vite au changement climatique, en obligeant les navires, les équipages, à s'entraîner au simulateur et à s'habituer à faire évoluer des navires dans les zones glacières. Parce que dans une zone glacière, comme il y a une grande partie de l'eau qui est prise lorsque le vent est fort, on ne voit pas qu'il y a beaucoup de vent, on ne se rend pas très bien compte que l'ensemble de ce qui nous entoure est en train de dériver en même temps que nous mais à une vitesse différente. Un navire va dériver à cause du vent alors qu'un iceberg peut dériver à cause du courant. Et c'est cette technique maritime de la glace très nouvelle, très peu fréquentée, qui est actuellement enseignée à l'École de marine marchande de Marseille. Formidable apprentissage.

Le passage de l'équateur est une chose qui marque tous les marins. Je garde la mémoire de ces passages, un peu comme le type qui se souvient qu'il avait été bloqué, un jour de juillet, quatre heures à Lyon, dans un train surchauffé. Je garde le souvenir précis de toutes ces attentes. À l'inverse, je me souviens aussi d'avoir franchi l'équateur sans jamais avoir été arrêté, puis, d'autres fois, c'est le bouchon dans le tunnel de Fourvière. Parfois, plus vache, c'est le pot au noir qui se déplace en même temps. Une situation que je peux résumer ainsi : « Plus je pédale, moins j'avance. » Le pot au noir ne peut se résumer à ce lieu géographique de l'équateur. C'est surtout un lieu météo et géographiquement nomade. C'est le pays des épaississements. La région des rétrécissements. Le département des grains puissants et aussi la réserve des oiseaux aspirés par les orages d'Afrique et rejetés au beau milieu de l'Atlantique. Il faut imaginer un Dunkerque-Bayonne avec bouchons. Il faut manœuvrer sans cesse et appréhender les réductions de voiles. Le vent ? Parfois un neuf nœuds qui monte soudainement à trente et souvent dans la direction opposée. À l'équateur, tout n'est que guet et veille douloureuse. Et pour quel ridicule profit ? Nous savons tout cela et pourtant, chaque fois, l'équateur nous plonge dans la perplexité.

C'est la région des grands barrages. La zone des grandes mollesses. Et puis soudain, dans ce magma, s'ouvre un couloir. Reste à savoir s'il est praticable. Les prochaines vingt-quatre heures alors peut-être se liront mieux : un anticyclone se déplacera sans doute, mais très lentement, vers l'Afrique. Nous devrons le contourner et arriver vers 34°-35° sud assez vite. Enfin, théoriquement. Nous rentrerons alors dans le Grand Sud.

Parfois, en mer, j'ai trouvé enfin ce que j'étais venu chercher depuis si longtemps : la glisse rêvée. Je l'ai trouvée. Cette élégance ne dure pas, on le sait. Mais c'est comme si je l'avais volée durant quarante-huit heures. Et cela rend la chose plus belle encore. Surtout à vingt-cinq nœuds de moyenne avec des pointes à trente, tout cela sans aucune souffrance. On a l'impression que le bateau ne fait qu'effleurer la mer. C'est un tapis volant, une sensation au fond très orientale – les mille et une voiles. Ne fût-ce simplement que pour ces deux ou trois jours de bonheur exceptionnel vécus, je me dis que je n'ai pas perdu mon temps. Est-ce cela la jubilation du travail ? Peut-être. Si le bateau marche ainsi, on le doit à l'équipage qui travaille en harmonie.

Il y a « une oreille » du passage dans l'eau.
C'est un bruit merveilleux et un indicateur
de l'impeccable rendement mécanique.

Il m'arrivait de croire en Dieu.
Surtout dans les tempêtes.
Le reste du temps,
c'est en moi que je crois.

Chez les gens très, très intelligents, il y a tellement d'arrivées dans l'ordinateur cérébral qu'il y a toujours un fil qui cloche. Moi, je n'ai pas ce problème ! Je pense que les choses sont les choses. Ou elles sont, ou elles ne sont pas. La confusion mentale, c'est quoi ? C'est ne pas voir rapidement l'important d'une chose. *A priori*, c'est une des rares qualités que j'aie : l'essentiel, le vital, la cellule vivante.

Au XXe siècle, être à la voile
entre l'Afrique du Sud et l'Australie,
quel luxe insensé !
C'est merveilleux, un privilège total.

Les multicoques sont des bateaux de glisse,
pas des bateaux faits pour forcer.
On ne force jamais la mer,
on passe à côté, on dévie, on déroule.

La navigation en solitaire est une activité prenante. C'est prenant mentalement, physiquement, moralement, et affectivement aussi. Toute l'énergie bascule sur un projet qui est de se rendre à un point le plus vite possible. Sur un bateau, vous ne savez pas tout à fait ce que vous allez avoir à gérer comme effort dans le temps. C'est ce qui demande une espèce de grande sagesse : être toujours prêt à l'effort, être prêt et ne jamais aller au dépassement. C'est-à-dire qu'il faut toujours aller à 70 % de son compte-tours. Je sais que ma limite, avant l'hallucination, est à cinquante, cinquante-cinq heures sans sommeil… C'est ce qui me faisait le plus peur : me retrouver un jour avec l'enfer qui m'arrive de l'arrière, dans le Pacifique ou dans l'Indien, et puis, alors que j'étais obligé de barrer moi-même, atteindre mes limites physiques de barre…

Il existe une vieille formule d'origine rurale très savoureuse : « C'est après la foire qu'on compte les bouses. » Le reste, c'est du bavardage. Je vais faire mon truc, je pars, on verra. Je ne vais pas pronostiquer toutes les misères de la terre. Si je prends une bombe atomique sur la gueule, si je suis abordé par un cargo, si mon bateau explose sur une mine en dérive, si je suis attaqué par des pirates – qui se font de plus en plus rares –, si j'attrape la maladie du mouton péruvien apportée par un oiseau qui se pose sur le pont… C'est des conneries tout ça. On fait un truc, on décide de le faire, on se prépare à le faire, on va le faire et c'est tout. On ne peut pas être toujours en train de se dire « mais si », parce que c'est débile et en plus ce sont des choses qu'on ne gère pas. Ce que je gère, moi, c'est une préparation maritime, une préparation du bateau, une analyse des conditions météorologiques sur un terrain que je connais. Je pars avec un homme que je connais bien : moi. Et donc je dis que je vais le faire, point final. Je n'ai pas besoin d'intégrer dans ce mécanisme la déclaration de guerre qui va peut-être arriver. S'il y a déclaration de guerre, il se peut effectivement que, arraisonné au large de la Patagonie, je doive changer de pavillon pour avoir la paix… Mais tout ça ne veut rien dire !

Mon métier suppose de l'endurance.
C'est l'exercice même de ce qu'est la ténacité.
Il faut de l'endurance physique et morale.
Les trois quarts des choses se passent dans la tête…
C'est le vouloir. Le muscle suit,
tant qu'on n'est pas complètement décati…

Misanthrope, je nie farouchement l'être. L'exercice de solitude, en soi, est sain. À partir du moment où on se connaît bien, on vit bien seul avec soi et c'est bénéfique pour le contact avec les autres : on approche l'autre en sachant complètement qui l'on est. Ce n'est pas toujours évident. Pensons à l'adolescence, quand on approche l'autre en attendant de lui un renvoi d'image, une explication, un conseil. La solitude sur mer ou dans les déserts fait qu'on se connaît bien.

La solitude, ça ne m'impressionne pas du tout. Au contraire, j'aime bien ça, ça ressemble à la vie réelle. Quand l'instant est grave, important ou difficile, on est seul, toujours.

Breton,
c'est un pays,
c'est une culture,
c'est la mer,
bref je suis breton.

Il est plus difficile de se battre contre le chrono que contre un adversaire. Quand vous avez un adversaire, vous êtes deux à prendre les ennemis, le mauvais temps et le calme. Votre adversaire a les mêmes ennemis que vous : son petit malheur va participer un peu de votre bonheur. Contre le chronomètre, la seconde, qu'elle soit bonne ou mauvaise, n'est qu'une seconde et le temps est impitoyable. La seconde qui s'égare n'est que pour vous, et ça, à mon avis, c'est plus dur. De plus, quand on court contre quelqu'un, on navigue deux fois, parce qu'on le voit naviguer, donc on apprend : tiens il a fait ça, c'est mieux que moi, ou tiens il passe là, son routeur l'envoie là. Le chrono est juste une machine aveugle qui tourne, qui tourne…

Vivre en mer impose d'être toujours dominé par des éléments qui vous dépassent vraiment. Il y a une intelligence appliquée pour pouvoir passer à travers ça, et ce « passage à travers » évite les certitudes et les spirales dominatrices. Ça excite l'intelligence et la technologie, mais ça ne rend pas les hommes plus curieux.

Le fait de vivre dans un monde un peu rude vous évite de tomber dans le travers consistant à dire « c'est la conjoncture », ce n'est pas de votre faute. En mer, c'est toujours de votre faute puisque vous êtes le capitaine. Même si c'est violent, même si c'est fort et même si vous perdez, ça n'est toujours que de votre faute. Parce qu'on est dans un monde où les mecs parlent en permanence de responsabilité et se conduisent tous comme des irresponsables… « Responsable mais pas coupable » : tout et n'importe quoi ! Une honte intégrale.

On se construit, sur l'océan. Ce monde m'a construit. Les bonheurs de ce monde, les violences de ce monde, l'intérêt que j'y ai porté font de moi un individu un peu moins médiocre qu'il y a quelques années.

La liberté, c'est choisir ses exigences, choisir ses contraintes et s'y tenir, mais en étant le patron de ses contraintes. La vraie liberté est d'avoir conscience de ce que l'on est, avoir conscience de notre impuissance. Et de notre histoire qui est l'impuissance même, puisqu'il faut des bateaux pour naviguer, des avions pour voler. Quelle incroyable et humiliante limitation de l'intelligence de l'esprit et même du cœur, puisqu'on a même du mal à aimer les gens qu'on aime… Et tout à coup, dans le rapport qu'on a avec l'océan, on retrouve un peu d'air, un peu d'existence.

Mauvais temps ?
Mieux vaut ce temps-là que pas de temps du tout,
comme m'avait dit un pêcheur
auquel je m'étais plaint du mauvais temps
quand j'étais petit.

Je peux faire des kilomètres pour le parfum d'une fleur, pour apercevoir une lumière. Parfois, il y a des levers du jour où ça n'accroche pas, où les gris sont trop présents. Alors il n'y a pas la fanfare !

Et puis, durant certaines aubes, c'est l'orchestre symphonique, ça donne une teinte à tout ce qui se passe autour de nous.

Il y a quelques jours, à l'aube, à Tahiti, à l'approche du solstice d'hiver, c'était proprement stupéfiant. L'ensemble des vents du sud apportait un air froid sur la zone – il peut même faire frais le matin. Sur Moorea ou sur Tahiti, l'air étant plus froid, la visibilité est accrue, on peut voir des choses qu'on ne voit pas en temps ordinaire. C'est comme un visage qui change, où des ridules apparaissent. Bref, il y avait une série de bleus qui se rapprochaient de ceux du golfe de Naples en été.

J'ai eu la sensation alors qu'à un certain moment de la journée – un instant peut-être, mais quel instant ! – toutes les lumières du monde avaient rendez-vous au même endroit. Au même moment, à la nanoseconde près. J'ai vu des lumières de Bretagne, évidemment celles de Polynésie, celles du nord de l'Écosse, celle du sud de l'Italie… toutes ensemble.

Si je suis vigilant, et à certains moments très miraculeux, dans certains endroits du monde, toutes les lumières se retrouvent. Et je les connais car je les ai archivées.

Il y a trente ans déjà, en Bretagne, j'avais des fulgurances de Polynésie. Il n'y a pas d'erreur. Je l'ai vécu physiquement et pas culturellement. Car Gauguin, c'était loin de moi.

Bref, quand toutes les lumières se donnent rendez-vous, c'est une journée de fête. Imaginez : ça veut dire que plein de jolis moments du monde sont réunis, là, sous vos yeux. Ah oui, quelle fête incroyable ! Quel spectacle ! J'ai eu alors cette sensation délicieuse, grâce à ces lumières, de voir réunis cinq ou six moments magiques de ma vie. Ils se mêlaient, se répondaient. Le monde alors s'est mis à chanter. Oui, c'est ça, le chant du monde. Car il chante, le monde. La lumière chante aussi : ce n'est pas du son, c'est de la vibration. C'est polyphonique. C'était très émouvant.

Les bleus de Polynésie ne sont pas ceux d'ailleurs. Mais quand ceux d'ailleurs s'invitent là, alors c'est la surprise. C'est ce qui s'est passé il y a quelques jours. Et la surface de l'eau n'avait pas une ride, elle était presque huileuse, comme parfois en Méditerranée. Instant parfait quand le soleil tape sur cette huile et que les rayons ne vont perdre leur brillance qu'à six ou sept mètres de profondeur. Magie, magie totale. Instant d'éternité… ça continuait à s'enflammer sous la surface de l'eau.

Souvent, les gens sont amoureux de l'endroit où ils vivent et on se demande bien pourquoi. C'est qu'ils en connaissent toutes les lumières. C'est mon explication. D'ailleurs, ça vaut pour les gens qu'on aime. Je pense à toutes les lumières des femmes que j'ai aimées… Toutes les émotions, toutes les élégances. Le port de tête, l'inclinaison, la façon dont la chevelure se pose sur l'épaule. Voici ce qui crée le lien.

Quand j'ai vu il y a peu tous ces moments du monde réunis, je ne me suis pas dit qu'on me faisait un cadeau. Je l'ai vécu comme un enchantement. Et évidemment, cet enchantement m'a mis dans une disposition de bienveillance vis-à-vis de ce qui m'entourait.

Je me suis retrouvé dans des brillances sublimes. Oh, cette formidable émotion de voir et, aussi, cette certitude de la disparition. Car je savais que ce moment allait s'évanouir.

Tout cela n'est pas innocent.

Pour moi comme pour les gens de ma culture, c'est-à-dire ceux qui ne sont pas intéressés par le buzz – les autres se comportant comme des témoins assistés –, la plupart de nos coreligionnaires vivent à côté du monde. Ce qui est important pour moi, ce n'est pas le match de foot, c'est que nous soyons le jour du solstice d'hiver, par exemple, dans le Pacifique.

La lumière qui va apparaître là, maintenant… ou peut-être plus tard, c'est tellement plus important que la tambouille de Bruxelles.

Les moments du monde sont là et j'ai le sentiment que les gens ne les prennent plus. Sans doute parce qu'ils sont gratuits.

Je me souviens que ma mère avait une formule formidable quand j'avais 17 ans et qu'avec mes frères nous sortions le soir et rentrions au petit matin. Elle arrivait dans nos chambres à 7 h 30 et lançait : « Debout, il fait beau. » Traduction : dépêchez-vous de prendre la lumière du monde.

POINTS AVENTURE
Un esprit de liberté

Le monde comme il me parle
Olivier de Kersauson

Depuis son enfance à La Trinité, Olivier de Kersauson a voué sa vie à la mer : la marine, la rencontre avec Éric Tabarly, l'épopée des multicoques, les tours du monde, les records, les grands caps et les périlleux océans. Pendant trente ans, amoureux des grands espaces, il a remporté les plus grandes courses, jusqu'à devenir « l'Amiral ». Retiré de la compétition, le pirate breton au célèbre franc-parler offre le récit pudique et passionné de ses aventures dans une formidable ode à la mer et à la vie.

« Olivier de Kersauson produit de la parole brute et poétique. Jamais nous n'avions eu l'occasion de comprendre à quel point le large lui coule dans les veines. »

Le Nouvel Observateur

RÉALISATION : NORD COMPO À VILLENEUVE-D'ASCQ
IMPRESSION : CPI FRANCE
DÉPÔT LÉGAL : MARS 2018. N° 137685 (3027041)
IMPRIMÉ EN FRANCE